Q版FB歷史

宋朝其實很懸疑

丁振宇 著

前言

微歷史也即是用「微博體」和Facebook的形式來記錄歷史。微博和Facebook的特點是短小、及時，適於傳播。近年來，微博和Facebook成爲國內一種最便捷的交流方式，對於記錄歷史來講，它同樣也是一個好工具。因爲當今社會生存競爭激烈、生活節奏奇快，人們沒有時間、沒有精力、也沒有耐心靜下心來閱讀冗長繁雜的歷史巨著來獲取知識，造成當下人們，尤其是年輕一代歷史知識匱乏的窘況。

微歷史的出現，除了「微時代」自身的推動之外，更是民眾自身的一種訴求。因爲它將微博體與歷史事實進行了有機的結合，內容精當、言簡意賅、字字珠璣，爲廣大讀者提供了一種新的解讀歷史的可能性。讀者無需非常集中的閱讀時間和持久專注，無需專門的歷史或理論素養，茶餘飯後，公車捷運上，花費五分鐘翻閱一下，就會有良多收穫。

有人說，如果可以穿越時光隧道，回到古代的某個片段生活，那麼最應該選擇的就是宋代。因爲宋代是山寨版的現代，物質富足、藝術繁榮、社會生活豐富多彩。

但宋代又是個保守的朝代：自從宋太祖趙匡胤從後周孤兒寡母手裏搶過來皇位後，就實行重文輕武的畸形政策，從而導致宋代積貧積弱的局面；宋太宗雖然連他哥也敢殺，但是個眼高手低的低能兒；雖然中途有宋神宗這樣的全能人才，但實行的改革卻是個半吊子。於是宋代從開始就一直被別人欺負，國勢日危，不斷地喪失土地，直到臭名昭著的「藝術皇帝」宋徽宗出現，和替罪羊欽宗一起葬送了北宋的江山。

北宋、南宋是一家人，只不過南宋是北宋的縮小版、退化版。南宋和北宋相比，有著一樣的繁華和不一樣的折磨，但最終都成了悲劇，匯合成了一個山寨的盛世。

幸福的皇帝各有各的幸福，不幸的草民各有各的不幸。南宋的飯比北宋更不好混，整天拿著大刀的人最容易被砍，有些人是躺著也中槍。最後南宋幼帝跳海自殺，倒在了西北狼蒙古的鐵騎下，而大宋隨著文天祥的倒下，再也沒能站起來。

《微歷史》系列各書在編寫上，本著既嚴肅認真，又不失生動活潑的原則，在選材上以正史爲主、野史爲輔，在筆法上，力求做到短小精悍，生動幽默，靈活流暢，妙趣橫生，令閱讀者徜徉歷史海洋時興致盎然，回味無窮。

Q版的歷史

宋朝其實很懸疑

目錄
CONTENTS

目錄
CONTENTS

版下乃歷史

宋朝其實很懸疑

上篇

北宋

買來的和平不長久

第一章 黃袍加身趙匡胤

厲害的肚子

西元九二七年，趙匡胤出生時，趕上了大唐帝國下臺二十周年的社會大動亂。在這二十年裏，不管是你是阿貓阿狗，有兵便是爹，手頭有點軍權就可以當皇帝。從後梁到後唐、吳越、前蜀，九個大大小小的政權並存。俗話說「一山難容二虎」，況且還是九虎。這些國家自然是天天打架，有的人甚至是今天做了皇帝，第二天就死了。

趙匡胤是靠禁軍發家的，在陳橋驛被禁軍擁立做了皇帝。禁軍是封建帝王的直轄軍隊，擔任帝王以及皇宮、首都等的保衛工作。北宋的禁軍很多，士兵數量是歷朝以來最多的。據史料記載，宋朝開國初期禁軍就有二十萬，後來越來越多，數量像滾雪球一樣越滾越大，到了北宋中期，禁軍已經增長到了駭人聽聞的八十多萬。

汴京是趙匡胤的發家之地。天福七年（九四二年），之後的八九個年頭裏，汴京城開始遭殃。這段時間不是很長，皇帝倒是有很多，前後經歷了三個政府，換了五任「總統」：後晉高祖石敬瑭、後晉出帝石重貴、契丹主耶律德光、後漢高祖劉知遠、後漢隱帝劉承祐。這些短命的皇帝走馬燈似的輪番登基，在治國方面都是弱智，但搜刮民脂民膏倒都是高手。

唐明宗天成二年（九二七年）二月十六日夜，宋太祖趙匡胤出生在洛陽城東北的夾馬營。

每個皇帝出生，都要弄點八卦，趙匡胤也不例外。據說他老媽曾經夢見大太陽跑到自己懷裏，而後就懷了孕，生趙匡胤的時候，她「胞衣如菡萏」，說白了就是跟荷花一樣，身上還有金色，三天不退；好不容易生下來了，小傢伙還耳有異香，經久不散。這一來，跟後唐明宗日夜燒香磕頭企盼真龍天子下凡的禱告正好湊一塊去了，很是玄乎。

趙匡胤是他爹的第二個兒子，但老哥夭折了，他就做了長子。他雖說讀書不怎樣，但是很喜歡武術，是個「不學無術」的搗蛋孩子。他長大之後，相貌魁偉，器量宏大，有點眼光的人都知道他不是個尋常土包子。趙匡胤的騎馬射箭，往往高人一籌，弄得大家很沒面子，但不服也不行，誰叫老天沒給自己這麼好的天賦。

趙匡胤年幼時，家裏管不了他。每天一放學，趙匡胤撒丫子就跑，不是去彎弓射鳥就是策馬揚鞭，槍劍也耍得很有水準，練就了一身上乘的武功。最絕的是他的騎馬技術，不管是高馬低馬、胖馬瘦馬、老馬烈馬，只要是馬，他連馬鞍和籠頭都不用就能乘騎。每當他騎馬像玩雜技表演一樣的時候，他那身經百戰的老爸也自愧不如。

趙匡胤的老媽杜氏有一個好肚子，生出了兩位皇帝：宋太祖趙匡胤和宋太宗趙光義。她十五歲就嫁給了趙弘殷，是個賢妻良母型女人，婚後把家裏打點得井井有條。她注重對孩子的教育，一心想讓孩子成長。陳橋驛兵變後，趙匡胤披上了黃袍做了皇帝，杜氏知道後很興奮：「我兒子一向有志氣，現在果然出息了！」

果然很守信，柳林三結義

趙匡胤還有一段「柳林三結義」的佳話。有一次，他在郊外一個柳林裏馴服了富二代石守信的烈馬，整個過程驚心動魄，看得石守信眼珠子都快蹦出來了。石守信覺得這人「方面大耳，雙目如炬，堂堂一表，凜凜一軀」，是個人物，當即上前自我介紹。客氣一番後，他和趙匡胤以及趙匡胤的哥們韓令坤撮土草爲香，拜天發誓，柳林

三結義，成了把兄弟。

趙匡胤命很硬，運氣超級好，酷愛賭博，他曾經和韓令坤在一個小土屋裏賭博，一時間屋子裏烏煙瘴氣，賭氣沖天，過癮得很。正賭得爽的時候，大家突然臉色沉了下來，原來是有麻雀在屋外吵鬧，攪得大家興致全無，於是他們便爭著起身出去逮麻雀。一夥人前腳剛走，土屋隨之倒塌，趙匡胤等人撿了一條小命。

趙匡胤有次在華州遇見了柴榮，柴榮就是後來的後周世宗，但這時候，他是個賣傘的流浪漢。當時柴榮裝滿傘的獨輪車側翻在了路邊的水溝裏，推不上來，趙匡胤就上前助人爲樂。兩人就此相識。賣傘途中兩人遭遇惡霸魏青、魏明攔橋收取「過橋稅」，稅錢比傘錢還要貴，對於小販柴榮來說是個天價。趙匡胤讓柴榮先走，自己斷後，兩人因此義結金蘭。

趙匡胤隨柴榮南征北戰，屢立戰功。在跟南唐打仗時，南唐節度使皇甫暉、姚鳳統帥十五萬大軍在清流關阻擊趙匡胤，趙匡胤接受了敵人的挑戰，隨後竟然獨自「擁馬項」直入敵陣，手刃皇甫暉，俘虜了姚鳳。這樣的豪邁之舉，加深了南唐對趙匡胤的恐懼，讓南唐軍隊長期不敢北上跟趙匡胤交鋒。

顯德六年（九五九年）三月，周世宗出師北伐，不料病倒，班師回朝。周世宗躺在病床上，想著自己身後的大事：自己的兒子柴宗訓才七歲，符皇后二十來歲，如果發生叛亂怎麼辦？於是他把趙匡胤找來，任命他爲殿前都點檢，統領中央禁軍。趙匡胤說自己誓死輔佐幼帝，周世宗很滿意，於六月去世。誰知，周世宗養虎爲患。不久，趙匡胤就自己稱了帝。

陳橋兵變，黃袍加身

趙匡胤才用了兩個步驟就把皇權弄到手，一步是出城，一步是進城。世宗柴榮死後，七歲的少主柴宗訓繼位，江山很不穩固。翌年大年初一，民間瘋傳契丹和北漢發兵南下，宰相范質等不辨真假，派趙匡胤率軍抵禦，於是兩天後，趙匡胤離開都城，夜宿開封東北四十里的陳橋驛，當晚就被士兵山呼「萬歲」擁立爲皇帝，回到都城。後周大勢已去，江山和平到手。

趙匡胤繼位後，下旨優待柴宗訓母子，賜給「誓書鐵券」，保證柴氏子孫永享貴族待遇，即使犯罪也不用判刑。然而柴宗訓被遷往房陵居住時，被時任房州市長的帝師辛文悅殺害。趙匡胤聽到後很是震驚，穿著素服發哀告，輟朝十日，發動全國舉行默哀儀式，並追謚「享年」二十歲的柴宗訓爲「恭皇帝」。

趙匡胤繼位後，追尊去世的老爹趙弘殷爲宋宣祖，尊還在世的老娘杜氏爲皇太

后。有一次，趙匡胤跪見杜太后，左右都向杜太后朝賀，但杜太后卻不開心。人們問她：「母以子貴，您兒子都做皇帝了，您老還有啥不高興的？」杜太后：「皇帝也不好做啊，天子管理天下，做好了受百姓尊崇，做不好連個匹夫也不如！」太祖跪著說：「老媽啊，兒子一定聽你的教誨。」

趙匡胤對待後周舊臣採取了懷柔政策。後周的官員，他全部錄用，有的還給加了官。本來這些遺老們以爲換了老板就要淪爲階下囚，身首異處、誅滅三族也很有可能，但後來不僅小命保住了，還有官做，哪有不心滿意足的道理！於是這群感恩戴德的臣子們又開始爲大宋效力，趙匡胤成功地化解了難題，贏得了好名聲。

Q 有些酒別亂喝——杯酒釋兵權

西元九六年九月，淮南節度使李重進據揚州，起兵反宋。剛坐上皇帝寶位沒幾天的宋太祖決定殺雞儆猴，鐵血平叛。內有間諜翟守珣的出賣計畫，外有大宋的強兵壓境，宋軍攻克揚州，李重進點火自焚，同謀者數百人被砍頭，哥哥自殺，弟弟兒子也被斬首示眾。憑藉軟硬兼施的兩手政策，趙匡胤穩住了剛剛建立的大宋局面。

趙匡胤很佩服前朝憑藉一篇《平邊策》紅遍全後周的王樸，王樸提出：「攻取之道，先易後難。」後來立志統一中國的趙匡胤夜訪參謀趙普，趙普提出了先南後北的論斷，趙匡胤說：「對極！你真是王樸再生啊！」趙普趕緊說：「哪裡，不敢當，但您想先平定北漢太原，確實不對啊！」趙匡胤爲了保住面子，說：「嘿嘿，那我只是試探您……」

趙普在太祖時代以佐命元臣之身分在中樞機構執政達十年之久，跟宋太祖是鐵哥們，被其視爲左右手。在太祖時代的一連串重大事件，如陳橋兵變、杯酒釋兵權、制定統一戰略等事上，趙普都發揮了相當重要的作用。趙普的權勢甚至一度在晉王趙光義之上。趙普曾反對過太祖傳位於晉王光義的意圖。後來趙光義即位後，與趙普的關係極爲微妙。

西元九六〇年，在一個大雪紛飛的夜晚，宋太祖和弟弟趙光義一起敲開了謀臣趙普的家門。趙普很吃驚，趕緊奉茶招待，宋太祖說最近老是睡不著覺，趙普說：「爲啥？」趙匡胤說：「臥榻之側，豈容他人鼾睡乎！」想先把硬骨頭北漢啃掉。趙普說：「非也，應先易後難，先南征，回頭再收拾北漢。」趙匡胤回道：「言之有理！」於是發動征戰。

建隆二年（九六一年）七月，一天下朝後，趙匡胤把石守信等幾個手握重兵的大將留下來喝一杯。席間他長嘆了一聲，大家趕緊問他爲啥，趙說：「現在皇帝不好當啊！」大家不解，趙又說：「當初我是黃袍加身做了皇帝，我怕你們的部下也這樣搞啊！」聽罷大家都很害怕，趙匡胤就給大家指了一條明路：不如結爲親家，再回家買房買地，樂享天年，雙贏！於是，第二天大家都得了一種「上朝病」，辭職回家置業去了，宋太祖用幾杯酒就搞定了大宋的軍權。

趙匡胤玩人很有一手。李漢超是大宋開國元老，不拘小節。西元九六一年，李漢超擔任關南邊防司令時，當地百姓向宋太祖控告他強搶民女、借錢不還。宋太祖安慰申訴人：「你女兒嫁給他，總比做農家媳婦強吧？他駐守關南，不比別人撈錢少？」事後宋太祖偷偷教育李漢超：「趕緊把人家女兒跟欠款還了，下不爲例。」李漢超感激涕零，從此工作相當賣力。

趙匡胤對王樸很敬畏。趙匡胤當了皇帝後，有一次，他從功臣閣路過，突然一陣小風將門吹開了一半，趙匡胤一看，王樸的畫像正對著他。趙匡胤慌了神了，趕緊「整御袍、襟領，鞠躬頂禮乃過」。隨從說：「陛下是天子，他只不過是前朝老骨頭，怕他幹啥？」趙匡胤坦白地說：「若他在，朕是不能夠穿上黃袍的！」

宋太祖對待貪官污吏從不手軟。司馬光曾經記敘過，宋太祖趙匡胤訓斥有搞花樣嫌疑的大主考宋伯說：「如果金榜出來，有人和你說事兒，我就把你的腦袋砍下來謝眾！」連對於上班不積極的官員，趙匡胤也很嚴厲，據《堅瓠集》記，趙匡胤曾警告不按時上班的臣下：「切勿於黃紬被裏放衙！」有這樣的老板，國家機器運轉飛快，大宋繁榮昌盛了起來。

趙匡胤一改過去大臣上朝還有沙發坐的規矩，讓朝廷一律站著。唐朝到五代中間，宰相見了天子，都是坐著談事，走的時候再「從容賜茶而退」，後來趙匡胤登基掌握了政權，執政登殿，對宰相范質說：「朕老眼昏花，把奏摺呈上來給我看。」於是老實的范質「持文字近前」。結果回去的時候，座椅沒了，差點一屁股坐地上，從此大臣上朝時就站著了。

趙匡胤剛剛建立大宋時，藩鎮實力很驕橫。有一天，趙匡胤把各個藩鎮將領都請來，一人發一套弓箭、一匹戰馬。眾人到了固子門樹林裏，下馬喝酒。趙匡胤對大家說：「這兒沒人，你們誰想做皇帝就殺了我吧。」這招可把藩鎮們嚇壞了，趕緊一個勁地磕頭，直呼萬歲。趙匡胤說：「你們既然不做皇帝，擁護我，以後就不要這樣驕橫了。」

半部論語治天下

宋太祖趙匡胤重視文人，宋葉夢得《避暑錄抄》記載：趙匡胤曾命人秘密鐫刻一塊石碑藏在太廟裏，和兒孫「約法三章」，其中第二章就是不准殺士大夫和上書言事之人，所以宋政壇環境相對比較寬鬆，連蘇軾也因「御史台」案被赦而「受益」；第三章是子孫有渝此誓者，天必殛之——哲宗、徽宗就遭此報應，看來宋太祖有先見之明啊！

趙匡胤對於科舉監管很嚴。乾德六年（九六八年）三月，主考官王祐錄取了十名合格的進士，其中包括翰林學士陶谷家的公子陶邴。第二天，陶谷上朝謝恩，趙匡胤對旁邊的人說：「我聽說陶谷家教不怎麼嚴，他兒子怎麼考上的？」而後下詔讓陶邴再考一次，結果仍然合格。於是趙匡胤頒下詔書：「科舉考試，人人平等，官宦子弟，必須復試。」

趙匡胤重視科舉制度，主張用考試的辦法，發現和選拔優秀人才。當時，不論是內職官員還是平民百姓，不分門第、鄉里，都有資格參加考試。趙匡胤爲了防止濫竽充數，不僅親自主持殿試，連被錄取者的檔案也要看。舉人進京趕考時，趙匡胤不僅要求沿途各縣提供食宿，而且恩賜那些考了五次還沒及第的舉人本科出身。

開寶三年（九七〇年），爲壯大文官隊伍，趙匡胤要求各地舉薦人才。有人說酸棗（今河北延津西）隱士王昭素很博學，趙匡胤就把王昭素找來，讓他講乾卦。講到了「九五飛龍在天」的時候，趙匡胤問：「百姓怎樣才能看到這一天文奇蹟？」王昭素說：「書上說，只有聖人出現才能出現此卦象，而陛下正合其卦象。」趙匡胤很滿意。

王樸是後周重臣，精明機敏，多才多藝，不僅有治理國家的才能，還精通陰陽律曆。他不僅校訂律法，還調製音律。王樸留守京師時，對汴京進行城區改造，修城拓路，使京城蔚為壯觀，世宗十分滿意。後來王樸視察汴口，歸朝時，拜訪前任宰相李谷，兩人說著話時，王樸突然昏倒，掛了。喪葬那天，周世宗「以王鉞叩地，大哭多次」。

趙普是北宋的開國元勳、宋初宰相加參謀總長。他比宋太祖趙匡胤大五歲，出生於幽州薊縣（今北京），後先後遷居常山（今河北正定）、洛陽（今河南洛陽）。他腦袋瓜很靈光，天賦異稟，雖然足智多謀卻不喜歡讀書，後來趙匡胤勸他好歹看點書，於是他開始讀《論語》，用半部論語就搞定了大宋江山，所以有「半部論語治天下」之說。

趙普是個大帥哥，長得面如美玉、目若朗星、身高六尺、相貌堂堂。他一生以製造皇帝為專業，後周郭威、宋太祖趙匡胤、宋太宗趙光義的稱帝都跟他有千絲萬縷的關係。當時郭威對叛變很猶豫，趙普站了出來，說：「我可以保您百分之百成功！某夜我觀天象，見帝星十分昏暗，漢室氣數已盡……」郭威被忽悠完，立馬殺回了京城。

太宗繼位後，趙普沒有了以前的風光，因爲趙普是他哥的舊臣，而且兩人曾經是政敵。然而，趙普是開國元勳，太宗要安撫人心，自然需要這樣的元老重臣裝點門面，所以他對趙普表面上還是客客氣氣。趙普也是個老油條，做官做了幾十年，深知一朝天子一朝臣的道理，在身家性命隨時有危險的情況下，開始跟風給太宗當小弟。

趙普的政敵是盧多遜。盧多遜爲人機警，知道太祖喜歡讀書，就經常到史館來取書，並讓小吏查看太祖取的什麼書，然後夜裏加班閱讀此書。等到第二天召對時，太祖問起大臣們書中的事情，只有盧多遜一個人應答如流、爲此，盧多遜獲得了太祖的青睞，拜爲宰相。他跟趙普一直不和，所以好幾次在太祖面前說趙普壞話，結果趙普被罷相。

宋太宗想把弟弟趙廷美搞死，趙普就查到了盧多遜私遣堂吏交通廷美的犯罪行爲。趙普毫不客氣地將之捅給皇帝，說盧多遜盼太宗早點死，就好盡力侍奉廷美，廷美表示滿意，還送盧多遜弓箭等犯罪證據。太宗大怒，借題發揮，嚴懲盧多遜及其同黨，而趙廷美被趕得遠遠的，失去了繼承皇位的資格。趙普一箭雙雕，果然是高手。

寫投降書的專家

宋太祖乾德三年（九六五年），後蜀滅亡時，投降詔書是李昊起草的。這封投降書寫得堪稱是投降書的典範。實際上，李昊之前就做過這一行，前蜀的投降書就是他寫的。後蜀將投降書一發佈，當天夜裏，便有慷慨激昂、憤世嫉俗的後蜀人在李昊家的門上寫了「世修降表李家」六個大字，嘲諷他是寫投降書的專家。

後蜀末代皇帝孟昶是一個非常懂得享受的人。宋太祖滅後蜀後，侍衛們前去查抄財產，居然連孟昶的小便器也搜來了。不是侍衛們腦子進水，而是孟昶的溺器與眾不同，由七寶裝成，精美無比。太祖大跌眼鏡，感嘆道：「夜壺都這樣，那用啥藏糧食？不亡國才怪。」於是大力將「七寶夜壺」摔了個粉碎。

孟昶廣徵蜀地美女，塞滿了後宮。他在妃嬪之外還說有十二個等級，其中最寵愛的是「花蕊夫人」費貴妃。孟昶每天流連在宮女隊裏，一有功夫就帶著花蕊夫人將後宮佳麗喊過來，親自加封。加封標準是身材婀娜，姿容俊俏。每個月，這數千美女買化妝品的錢，由孟昶親自發放，「每人過於御床之前，親手領取，名爲支給買花錢」。

後蜀主孟昶是個很講究吃的人，每天山珍海味，結果吃膩味了。每當御廚上來獻菜，他都沒胃口，筷子都不想動一下。他的寵妃花蕊夫人不僅是個美女，還很有廚師天賦。她用乾淨的白羊頭，加上紅薑煮著，用石頭鎮壓，再用酒淹住，使酒味入骨，然後切成紙片一般的薄片。孟昶一吃，回味無窮，稱其「緋羊首」，又叫「酒骨糟」。

孟昶很怕熱，每當遇炎暑天氣，就喘得跟哈巴狗一樣，睡不著覺。於是他在摩珂池上，建築水晶宮殿，作爲避暑勝地。裝潢自然是超級豪華，什麼楠木柱、沉香棟、珊瑚窗、碧玉戶、琉璃牆、明月珠……這兒還有著名的鮫綃帳，據說是用鮫人的人皮製成的，薄如紗，輕如羽，暑伏天，置到室內，五米之內，都能感覺到涼風習習，是貨真價實的一件寶貝。

孟昶有一次喝醉了，拉著花蕊夫人的小手看風景。孟昶回頭時，見花蕊穿著一件淡青色蟬翼紗衫，胸部若隱若現，「豐滿」微微突起，一時呆了。花蕊說：「風景這麼好，陛下填首詞吧。」孟昶靈感大發：「冰肌玉骨清無汗，水殿風來暗香暖。簾間明月獨窺人，欹枕釵橫雲鬢亂。起來瓊戶寂無聲，時見疏星渡河漢。屈指西風幾時來，只恐流年暗中換。」

孟昶前期勵精圖治，後蜀好不容易有了點起色，這位仁兄又墮落不正幹了。花蕊夫人屢次勸孟昶勵精圖治，孟昶總認為蜀地山川險阻，有這天險在，北宋不足為慮，結果不久就亡了國。

西元九六五年春，北宋六萬（一說五萬）大軍攻破後蜀軍事重地劍門，離後蜀首都不遠了。這時成都炸了鍋，驚慌失措。有人建議國君孟昶死守都城，因為後蜀都城還有十四萬士兵，而大宋只有六萬。孟昶堅持要「算了」，於是正月十九那天，孟昶脫光了上衣，捆著自己的雙手，背著荊條，帶領十四萬蜀軍打開城門，向六萬宋軍投降了。

孟昶喜歡藏寶，他的一個寵妃使用的痰盂都是「兔毛水晶」製成的，隨便拿出個掏耳勺估計都得是黃金做的，而且帶鑲鑽的。而他的花蕊夫人，不僅人長得漂亮，詩也寫得很漂亮。自古以來才貌在女子身上不相容，有才的，像是李清照、謝道韞，長得都很一般；而好看的，如魚玄機、薛濤，文采又差了一大截。這個花蕊夫人是個例外。

花蕊夫人是歌妓出身，是當時有名的美女。後蜀末代皇帝孟昶很寵愛她，她喜歡牡丹花，孟昶就下令官民人家大量種植牡丹，並說：「洛陽牡丹甲天下，今後必使成都牡丹甲洛陽。」他還派人前往各地選購優良品種，在宮中開闢「牡丹苑」。孟昶除了與花蕊夫人日夜盤桓花下，還召集群臣，號召大家一起吃火鍋賞牡丹，場面宏大。

花蕊夫人是個情種，她被宋太祖納入後宮後，有時還是禁不住懷念前夫孟昶。於是她畫了一幅孟昶的畫像，趁沒人的時候偷偷祭拜，告慰前夫。有一次，被宋太祖發現了，她急中生智，說是蜀人所傳的張仙畫像，「供奉可得子嗣」，宋太祖信了，專門派人把「張仙」畫像掛在了廂房。

宋太祖還聽說過一件離奇的事：孟昶「率領」後蜀皇族從成都要到京師接受太祖的安置，離開時，蜀民萬民擁道，哭聲震天，自發「十里長街送皇帝」。孟昶覺得自己沒有臉面對後蜀父老，掩面痛哭。從二江到眉州，送行的百姓中竟然有數百人當場哭暈了！花蕊夫人也被這陣勢感動了，要寫一首《采桑子》，可是因爲太傷心了，就只寫了半首。

Q 「三重罪」——北漢劉鈞

北漢劉鈞是一個治國方面的「專家」，日夜擔心趙匡胤帶著大軍來征討他，於是他廣招人才，構建防禦工事。他先是任命文人趙文度爲宰相，又從太原附近的抱腹山招來道士郭無爲任諫議大夫、參議中書事，接著又從五臺山招了個和尚參議國家……這都要開道場了！

劉鈞做皇帝時，宋太祖派使者來動員他：「你和後周是世仇，當初堅守不屈很正常，現在我成了老板，你就別窩在那個窮角落裏了。你要是想奪取中原做皇帝，就走出太行山，咱們一決勝負。」劉鈞還沒傻到拿雞蛋碰石頭：「河東（山西省）雖窮，但我堅守只是爲了祭奠祖先！」宋太祖想罵他來著，可是忙活著南征，沒空理他。

宋朝初年，契丹曾經表示願意與宋朝建立戰略合作夥伴關係，北漢主劉鈞幫助李筠對抗宋朝，讓契丹大爲光火。於是契丹給劉鈞列了「三重罪」：擅改年號、私援李筠、冤殺段常。劉鈞大驚失色，這罪名雖然是莫須有，可也是罪啊！於是他數次派使臣給契丹送禮送錢，結果契丹錢收了，人也扣下了。劉鈞憂怒交加，於開寶元年（九六八年）七月氣死了。

西元九六八年七月，北漢睿宗劉鈞病逝，其乾兒子劉繼恩做了北漢少主。因爲大臣郭無爲沒有助其在先帝面前多講好話，劉繼恩很嫉恨他。當時郭無爲大權在握，影響朝政，劉繼恩便慢慢地把他的權力架空。九月的時候，劉繼恩請群臣喝酒，完事了，當時劉繼恩在勤政閣中休息時，供奉官侯霸榮領數十人將他刺殺了，有人說此事爲郭無爲指使。

Q 只會做詞卻不會做皇帝——「千古詞帝」李煜

西元九六一年，南唐李璟去世，李煜登上皇位。

南唐後主李煜不是個好皇帝，但是個好詞人。他一心想做一個隱士，做皇帝只是個意外，所以他總是覺得做皇帝不如做老百姓好。才子李煜被稱爲「千古詞帝」，對後世影響很大。他降宋後，本來就很悲痛，加上他又是個多愁善感的人，所以這時寫出的作品遠遠超過前期，被稱爲「神品」，被後人千古傳誦，知名度極高。

李煜做皇帝是被逼的，他原來是安定郡王，他大哥李弘冀是太子。但他老爸不喜歡這個太子，經常冷眼相加。而李煜卻很有才能，文章、書法、繪畫樣樣精通。於是李弘冀經常讓長著重瞳富貴相的李煜給他寫「我不想做皇帝」之類的保證書。不料周顯德六年（**九五九年**）七月，李弘冀生病掛了，李煜極不情願地做了皇帝。

李煜曾經派能言善辯的大臣徐鉉前去開封求和。徐鉉見了宋太祖說：「李煜沒有罪，以小國服從大國，對陛下您就像是兒子對待父親一樣，陛下爲什麼還要討伐他啊？」宋太祖愣愣地反問他：「那麼你說父親能跟兒子分成兩家過日子嗎？」徐鉉依然不死心，在那嘀咕著，太祖按住寶劍，怒氣沖沖地對他罵道：「臥榻旁邊怎能容他人酣睡！」

宋太祖曾經給李煜過生日。宋開寶四年（九七一年），南漢被滅，李煜為了討好宋廷，上敕要求去掉國號，讓大宋對他直呼其名。宋太祖當然很樂意這種表面上的和平，不但派使者參加李璟的葬禮，還帶了禮物表示慰問。後來，李煜該過生日了，宋太祖又專門賜送生日禮物，並釋放了一些在戰爭中被俘的南唐人。

大宋攻打南漢時，南唐留守林仁肇對李煜說：「陛下，機會來了！宋攻打後蜀，又往返幾千里攻打南漢，不累死也要脫層皮。現在淮南守軍人少，我們搶回來！」李煜沒膽，林仁肇又說：「真不行就說是我叛變的，辦成了多好，辦不成，殺我全家，宋朝也不懷疑。」李煜想了想，提筆給南漢寫信投降，林仁肇長嘆一聲，頓足而去。

李煜曾經逼死了南唐數得上的筆桿子潘佑。潘佑很有文采，人品剛正不阿，他見李煜登基後只顧著與文人擺弄文字，不理朝政，就七次上疏，勸李煜幹點正事。李煜一個字也不提，潘佑便以告老還鄉威脅，誰知李煜很爽快地說：「沒問題！」潘佑說：「我主真是連商紂也不如啊！」李煜生氣了，派人去捉拿他，潘佑痛哭一場，自縊身亡。

九六六年時，宋太祖在滅掉後蜀之後，把目標鎖定為南漢。宋太祖很愛惜生命，於是就讓南唐後主李煜用他的才情給南漢寫勸降書，李煜羞憤難當，但還是照辦了。

此後李煜居然發憤圖強了起來，但堅持了一年，李煜發現宋太祖那兒沒動靜，就繼續遊玩去了，結果幾年後，北宋大兵殺了過來，李煜沒有準備，亡了國。

Q 燭影斧聲，千年疑案

五代時期，後晉兒皇帝石敬瑭把燕雲十六州獻給了乾爹契丹。宋朝建立後，一直想把幽燕這塊戰略要地給收回來，宋太祖還專門建立了戰爭基金封樁庫。由於太祖南征北伐，功勳卓著，喜歡拍馬屁的大臣們就想給太祖加尊號稱「一統太平」，不料滿心壯志的太祖冷冷地回答道：「幽燕未收，想一統太平簡直是瞎扯！」

開寶九年（九七六年）三月，宋太祖到洛陽視察。趙匡胤突然宣布：「我想遷都洛陽，因爲洛陽易守難攻，而開封一馬平川，地勢不好。」群臣們都反對，因爲他們都在開封紮下了根。弟弟趙光義也跪著說遷都不宜，洛陽、長安雖然有天險，可是保衛國家「在德不在險啊」！趙匡胤只好作罷，感嘆：「不出百年，中原就要遭殃嘍！」結果不幸言中。

西元九七六年，一天晚上，下起了鵝毛大雪，汴京的皇宮裏，宋太祖趙匡胤和弟弟正在喝酒聊天。兩人也不知道聊些什麼（這內容成了千古之謎），左右的人早已被摒退，只能遠遠地看著燭光忽閃忽閃，忽明忽暗，晉王趙光義「時或離席」，而趙匡胤一邊用柱斧戳地，一邊說著「好做，好做」，第二天，趙匡胤就掛了。

宋太祖趙匡胤是極具完美人格魅力的領導者：他心地清正，嫉惡如仇，寬仁大度，虛懷若谷，好學不倦，勤政愛民，嚴於律己，不近聲色，崇尚節儉，以身作則等等。老趙不僅對改變五代以來奢靡風氣具有極大的示範效應，而且深爲後世史學家所津津樂道。簡直是有史以來的一百分好男人。

宋太祖趙匡胤開創的大宋王朝與歷史上其他著名的王朝相比，宋朝以其鮮明的文人政治特色而登上中國文治盛世的頂峰，可謂中國君主專制史上的最開明的一個王朝。所以，雖然宋朝在三百年的基業中長期積弱，但在民間卻享有盛譽，並對後世歷代產生深遠影響。

有人說，宋太祖趙匡胤是被親弟弟趙光義謀殺的。宋太祖之死是一個宮廷疑案，玄機重重，未能躬逢其盛的後人，只能在故紙堆裏摸「狐狸尾巴」。其實，關於趙光義是如何殺死他哥哥的，誰也不知道。總之，趙光義是逃脫不了干係的。說他是「盜國大盜」也不爲過。

有人說趙光義是因爲調戲他嫂子，被哥哥發現，情急之下把他哥哥殺死的。據說，趙光義早就瞄上了他哥哥的妃子費氏。一天，趙光義去看他哥哥趙匡胤，他進殿後，趁太祖昏睡時，去挑逗在旁陪侍的太祖妃子費氏。誰知，太祖突然醒來，見狀大怒，抛出斧子去擊趙光義，趙光義閃開，斧子戳地。趙光義情急之下，掄出斧子把他哥哥給弄死了。

趙光義到底有沒有殺死他哥哥趙匡胤，其實都是斧子惹的禍。有的人說太祖覺得有魔鬼纏身，就讓他弟弟趙光義替他舞斧驅鬼，所以有斧子著地之聲。但是，有的人卻認爲趙光義拿著斧子是謀殺太祖用的。至今這「燭影斧聲」仍爲千年疑案。而這個並沒有生命的斧子，卻成了趙匡胤不明不白死去的兇器，也讓趙光義背上了謀害他哥哥的千古罵名。

宋太祖趙匡胤是一位非常有人情味的開國皇帝。只可惜，這樣一個討人喜歡的老趙，英年早逝了，他辛辛苦苦打下了江山，卻只當了十七年天子，就稀裏糊塗地死了。九七六年，他剛剛五十歲。

＊微歷史大事記＊

西元九二七年，趙匡胤出生於洛陽夾馬營。
西元九三九年，趙匡胤弟匡義生（後改名光義）。
西元九五三年，柴榮即位，即周世宗。
西元九五九年，柴榮病死，兒子柴宗訓繼位，即周隱帝，時才七歲。
西元九六〇年，陳橋驛兵變，趙匡胤「黃袍加身」，逼周隱帝禪位，改國號宋。
西元九六一年，七月，趙匡胤設宴「杯酒釋兵權」。
西元九六四年，任命趙普為相，原後周宰相范質、王溥、魏仁浦同時免職。
西元九六五年，宋兵進入成都，後蜀主孟昶降。
西元九六九年，宋太祖趙匡胤親征北漢，圍太原城，因疾疫流行，不克而回。
西元九七一年，宋軍進入廣州，南漢主劉鋹歸降。
西元九七五年，正月，曹彬、潘美等圍金陵，十一月城破，南唐後主李煜歸降。
西元九七六年，十月，趙匡胤病死，廟號太祖。

第二章 燭影斧聲宋太宗

趙光義智取符金錠

宋太宗趙光義從小愛讀書，對讀書很癡迷。他很小的時候，就把家裏的書看完了，要知道他爸爸也喜歡看點書，所以家裏藏書的數量不少。家裏沒書看了怎辦？那時又不能訂報刊雜誌，所以他就到別人家裏去借，晚上在燭光下挑燈夜戰群書。他老媽杜氏每每看見他房內深夜的燭光，就感嘆：「這孩子將來一定有出息。」

趙光義逛花園時，與符家小姐一見鍾情，私訂終身。後來一個無賴搶了趙光義的彩球，強娶符金錠時，趙光義找了幾個弟兄過來，口授妙計：準備兩頂花轎，一頂花轎坐著他的鐵杆哥們，送到目的地，將這個求婚者打得屁滾尿流；另一頂輕便小轎，金蟬脫殼，抬著新娘子，跑到了趙光義的床上，兩人洞房花燭，成了夫妻。這就是

《趙光義智取符金錠》的故事。

趙光義和哥哥趙匡胤在後宮苑內喝酒射箭，趙匡胤給弟弟倒了滿滿一杯。趙光義不愛喝酒，堅持不喝，趙匡胤堅持讓他喝。趙光義指著花圃說：「陛下寵妾金城夫人親手給我折枝花我就喝。」趙匡胤就讓金城夫人去折，不料趙光義在背後射死了她。趙光義說：「陛下社稷重要，喝酒誤國啊！」趙匡胤暗地裏罵他畜生，連自己心愛的女人都殺。

趙光義以宰相身分兼任開封府尹時，有個商人劉元嗣由於急著用錢，就把南唐畫家王齊翰所畫「羅漢」十六軸，質押給僧寺，言明一旦有了錢，就來把畫贖回。可是當他來贖畫時，僧人們卻說過期了，不肯還畫，還說這畫來路不正。畫送來後，精通書畫的趙光義「一見，大加賞嘆」。於是，他「遂留畫，厚賜而釋之」，沒收了。

金匱之盟

開寶九年（九七六年）十月二十日，趙匡胤駕崩，宋皇后讓太監王繼恩去喊皇子德芳。王繼恩卻一溜小跑找來了趙光義。進宮後，宋皇后問：「是德芳來了嗎？」王繼恩說：「晉王來了。」宋皇后愣了，而後突然醒悟，哭著對光義說：「官家，俺母子的性命，可都交給你了。」「官家」是宋廷內對皇帝的稱呼。晉王說：「共保富貴，你別擔心」。

太宗曾拋出「金匱之盟」輿論：杜太后死前，召趙普入宮記錄遺言，據說當時太祖也在。杜太后問太祖：「你天下怎來的？」太祖說：「托祖宗和太后鴻福。」太后卻說：「若非周世宗傳位幼子，你能成事？所以你以後傳位給弟弟匡義，匡義再傳廷美，國有長君，這樣多穩當！」太祖泣拜。於是記錄下來，當作「基本國策」珍藏在黃金寶櫃裏。

金匱之盟解決了自己繼位的合法性問題，宋太宗很是滿意。但金匱之盟中還有皇位「先傳光義，再傳光美，再傳德昭」這樣兄終弟及的傳聞，宋太宗想傳位給自己的兒子，無疑是用自己的巴掌打自己的臉。於是宋太宗逼死了宋太祖的兒子趙德昭，連自己的弟弟趙光美，也被他整得抑鬱而死。兩大繼承人死後，趙光義才心滿意足。

太宗繼位後，爲維護自己的權力，把頗受冷落的趙普揪了出來。趙普是開國元勳，曾是趙光義的政敵。但裝門面是必須的，於是，當太宗向趙普詢問傳任弟弟廷美的事時，趙普說道：「自古帝王傳位乃是父傳子，當年太祖已誤，陛下今日還要再錯嗎？」這句話讓太宗很高興，也不管以前拋出的輿論，堅定了傳位給兒子的想法。

宋太宗很會「送人」上路。他上位後，南唐、吳越、南漢等周邊割據政權的降

服者，相繼暴卒，死得十分蹊蹺。「李後主以七月七日生，七月七日斃，錢以八月二十四日生，八月二十四日斃。各以其生辰死者，蓋猜忌未消，皆借生辰賜酒，而毒斃之也。」那個生怕喝鴆酒的南漢後主劉鋹，相當警覺，結果還是進宮吃了御賜的宴席後，得急症掛掉。

趙光義堪稱弒帝專家，不但弒掉了已經臣服的李煜、劉、錢諸帝，還弒了自己的老哥，大宋開國之君。此人特別擅長鴆毒之道，是個恐怖殺手。中國封建社會的宮禁之中，諸如鴆酒、巫蠱、厭勝、符讖等黑暗文化盛行，西方希臘、羅馬、拜占庭、奧斯曼等龐大帝國的宮廷政變，無非行刺、暗殺、決鬥、角力，跟宋太宗比起來，望塵莫及。

趙光義征討北漢之前，有些疑慮，他問大臣曹彬：「周世宗跟我哥都曾親自攻打太原，卻沒搞成，難道太原是鐵打的？」曹彬回答說：「周世宗是因爲大將史超兵敗，軍心不穩；太祖是當時生病，只好班師。其實太原是很好打的。」於是宋太宗決定搞掉北漢，完成英明神武的周世宗以及功勳卓著的宋太祖所未完成的偉業，稱霸一回！

宋太宗要攻打北漢，可宋朝初期一直跟契丹簽訂有和平協議，所以契丹猛一聽說，君臣嚇了大跳，趕快找人來問：「何名而伐（北漢）也？」太宗血氣方剛，拍著胸脯說：「河東（北漢）逆命，我要興師問罪！如北朝（契丹）不援，咱還是哥們；否則，只有兵戎相見！」此種豪言壯語，宋朝自太宗以後的近三百年間再也聽不到半句！

宋太宗時，開封居民喜歡上了一本地下圖書《推背圖》，據說上面預測了唐代和唐以後朝代的興衰，有人從中看出，宋代到太宗這就滅亡了，一時瘋傳。宋太宗知道後，把《推背圖》列爲禁書，卻沒有任何成效。後來宋太宗就找人「疏導」，規定《推背圖》可以多出版，「好好」出版，但將書中內容「編輯」了一下，百姓紛紛購買新版本，社會這才穩定下來。

宋太宗討伐北漢成功是有「預兆」的。太平興國四年（九七九年），宋太宗要伐北漢，宰相薛居正等人勸諫宋太宗，宋太宗滿腦袋瓜子都是「勝利勝利，威武威武」，哪裡會聽他的，於是浩浩蕩蕩地車駕從開封出發，親征北漢。途中路過澶州時，有一個縣級文官，姓宋名捷，在路上獻策。「宋捷，宋捷，宋朝大捷！」太宗一見這人名字這麼吉利，認定「必克北漢」。

Q 最早的御書錢

趙匡胤時代，設置「封樁庫」，儲藏了大量金帛作爲戰爭基金。宋太宗一上臺就把這麼一大筆財富改名爲內藏庫，並表示此舉非爲「自供嗜好」。宋太宗看見封樁庫內「金帛如山」，對他哥「儲積太過」很有意見。「先帝每焦心勞慮，搞這麼多經費有點過了吧？」宋老三嘖嘖感嘆這麼多的財帛「何能用盡」，顯然是剛當家不知柴米貴。

趙光義在位期間，大力發展宋朝教育事業。他擴大招生數量，第一次舉行的科舉被錄取的人數，是宋太祖時期最高紀錄的兩倍多。大量的取士使不少有才華的人有機會當官發財，成爲「天子門生」。他們又光榮又有錢賺，無疑對太宗感激涕零，賣力工作以報答聖恩。趙光義通過一系列政策牢牢地掌握了存在爭議的皇權，成就了統治。

宋代錢幣有個獨特現象，皇帝喜歡寫錢文。第一個寫錢文的是北宋太宗皇帝趙光義，淳化元年（九九〇年），他親自用真、行、草三種書體書寫「淳化元寶」錢文，鑄行新幣，開了鑄造「御書錢」的先河。寫錢文需要勇氣和實力，宋太宗趙光義很自信，不只寫，一個年號錢還有三種書體，這在中國貨幣史上是空前的。

宋太宗趙光義書法很不錯，堪稱是書法界博士級人物。宋黃庭堅在其《山谷集》中說：「熙陵（太宗）妙盡八法，當時士大夫皆親承指畫。」米芾《海岳名言》評論太宗書法是「真造八法、妙入三昧，行書無對，飛白入神」。宋太宗勤練書法，因此篆、隸、草、行、飛白、八分都寫得「巧倍前古，體兼數妙，英氣奇彩，飛動超舉」，而草書寫得尤爲精妙。

趙光義很喜歡下圍棋。一個叫賈玄的人，少年的時候就能打敗國手，當上國手後，就快成精了。有一次，趙光義與他下棋，對他說：「我聽說你棋藝天下第一，卻老是輸給我，其中有詐，再來。」結果下面都是和棋。老趙假裝怒了，聲稱要把他扔河裏去。賈玄趕緊說：「我沒和棋，我贏了一個子兒！」原來他爲了不贏，手中還有一個子沒數進去。

太宗喜歡下棋，一有功夫就跟宮裏的棋手們下棋，日理萬機之餘精研棋勢。據北宋《筵上狂詩送待棋衣襖天使》中記載：「太宗多才復多藝，萬幾餘暇翻棋勢，對面千里爲第一，獨飛天鵝爲第二，第三海底取珠勢，三陣堂堂皆御制。」由此可見，宋太宗的棋藝也相當的厲害，否則是創制不了這三個棋勢的。

趙光義酷愛書畫，書法有所成就。當時有個小官叫王著，據說是東晉琅邪王氏的

後人，深得遠祖王羲之書法之妙，在翰林院任侍書之職。太宗練字，常讓內侍拿給王著看，王著每次都是那句話：「寫得還欠火候，還得苦練。」有人問王著：「爲什麼你總說皇上的字不好？」王著說：「我若是急著說好，恐怕皇上就不再用心練了。」

宋太宗繼位時，封宋太祖的兒子德昭封爲節度使和郡王。後來他北上攻打遼國，德昭跟著去了。不料高梁河之戰宋軍慘敗，班師回京後，宋太宗因爲沒打勝仗，就不賞賜將士，將士們很有意見。德昭去見叔叔，替眾將討賞錢。宋太宗聽後很不高興，就說：「等你做了皇帝再賞賜也不遲！」德昭回憶皇位被搶，憂憤交加，回家上了吊。

趙光義病了，趙匡胤親自到床頭去服侍，燒艾草熱灸時，哥哥唯恐燙壞了弟弟，先在自己身上燒幾下——手足深情，令人感喟。趙匡胤常常誇讚趙光義：「我這個弟弟，降生的時候就和普通人不一樣，仔細瞧瞧，他龍行虎步，威風凜凜，將來必定是太平天子。」結果後來兩人喝酒後，哥哥就不明不白地死了。

太平興國四年（九七九）五月，宋太宗不顧群臣反對，從太原出兵，攻打遼國，先後拿下了易州和涿州，一路狂奔直逼燕京（北京）。雙方在高梁河（北京西直門外）展開大戰，宋軍被取得的小勝利沖昏頭腦，下令猛攻，結果被遼耶律休哥和耶律斜軫從兩翼包抄，宋太宗差點被老鷹抓小雞，最終負傷乘驢車逃跑了。

宋太宗在打仗方面是個呆頭鵝。他雖然立過戰功，但沒經歷過重大的戰役，沒見過多少戰爭世面。他把他哥宋太祖削奪武將兵權的做法發揚光大，每次出征前都制定陣圖（預先規定好的戰鬥隊形和防禦部署的作戰方案），讓將領們不管遇到什麼突發狀況，一律要「依計行事」……這樣打仗，擺明了是自縛手腳，打勝了是運氣，打敗了是活該。

太平天國七年（九八二年），遼國景宗去世，他十二歲的兒子繼位，由蕭太后攝政。宋太宗感嘆，天賜伐遼良機啊！於是雍熙三年（九八六年），宋太宗出兵伐遼，準備一雪前恥，找回面子。孰料將軍楊業被困陳家谷，王侁、潘美等人「忘」了接應，自個兒撤回了代州。楊業被俘，絕食三天餓死了，於是有了「楊家將」和潘美（潘仁美）的故事。

宋太宗的大兒子元佐從小很聰明，長得又像太宗，太宗很喜歡他。元佐一身武藝，善於騎射，還曾經隨老爹太宗出征過太原、幽薊。後來宋太宗迫害弟弟廷美時，正直的元佐「路見不平」，營救叔叔，請求老爹手下留情，但沒成功。後來廷美掛了，元佐知道後，竟然氣成了個傻子，經常拿刀棒傷人，宋太宗讓太醫給其治療後，才稍有好轉。

雍熙二年（九八五）重陽節，太宗召集幾個兒子在宮苑中喝酒。沒請發瘋的大兒子元佐，後來陳王元佑去看望哥哥，讓元佐知道了這件事。元佐說：「老爸喝酒不喊我，是拋棄了我啊！」於是一個勁喝酒，到了半夜，索性放了一把火焚燒宮院。一時間，濃煙滾滾，火光沖天。太宗得知後，命人查問，元佐坦白交代。太宗很生氣，把兒子廢爲平民。

有次元佐半夜裏醒來，突然有了「靈感」，把宮中姬妾們統統關起來，放火燒成「串串」，當即慘叫震天。大火燒了三天三夜才熄滅。宋太宗很無語，這太子自從得了精神病後，像野獸一般殘忍，左右侍從稍有過錯，就會被他用彎弓射死。最重要的是，太宗說他好幾次，他都不聽。太宗急了：「廢了他，廢了他！我要另立太子！」

淳化三年（九九二年）十一月，宋太宗的次子元僖早朝回府，覺得身體不適，不久便去世了。太宗哭得像個淚人，罷朝五日，追贈皇太子，並寫下《思亡子詩》。元僖之死，據傳是因爲他的小妾張氏準備毒死正妻李氏，不料把元僖毒死了。張氏是個潑婦，經常打罵下人，還越級埋葬父母。宋太宗知道後「大怒」，張氏自縊身亡，父母墳墓也被毀。

宋太宗爲了撕毀「兄位弟及」的「金匱之盟」，想暗中除掉弟弟趙廷美。趙普搜羅到了秦王趙廷美反叛的罪名，大臣王溥等七十四人「聯合」要求把詛咒太宗的秦王

「宜正刑章」，於是趙廷美被貶。後來趙廷美又「不思悔過」，安置到了房州，兩年後被氣死了。他死後，宋太宗發表講話，說趙廷美是奶娘的兒子，沒做皇帝的資格。

趙光義喜歡給自己造輿論，他對於「十六」這個字眼很敏感，經常說起「兩個十六」，感嘆自己做皇帝純屬「天意」。第一個「十六」，是他偶然間得到過一張南唐畫家王齊翰畫的羅漢「十六」軸，而得到「羅漢畫」後的第「十六」天，身體非常棒的趙匡胤不明不白地死去了。趙光義不聲不響地當上了皇帝。於是，他給這畫命名爲《應運羅漢》。

宋太宗對待下屬很有一手。有一天，宋太宗在北陪園與兩個重臣一起喝酒聊天，兩臣喝醉了，竟在皇帝面前相互比起功勞來，越比越來勁，最後竟吵了起來，完全忘了旁邊站著皇帝。侍衛建議將他們抓起來治罪，太宗只是草草撤了酒宴，派人把他倆送回了家。第二天上午，兩位大臣醒了，連忙進宮請罪。宋太宗說：「昨天我也喝醉了，記不起這件事了。」

宋太宗冊立太子，大赦天下。京城裏的人見到太子都歡呼：「真社稷之主也！」宋太宗知道了，很不爽，馬上召見寇準說：「人心都被太子搶了，把我放在哪兒？」皇帝還在世，太子便如此深得人心，自然爲皇帝所忌。寇準機靈地說：「這正說明陛下您眼光好啊！爲江山社稷做主，乃萬世之福也。」宋太宗一想也是，就不再追究。

宋太宗的一個貴妃死了，太宗不僅自己痛哭，還命令臣下也哭。他命劉德願去哭祭，劉捶胸號啕，比死了爹媽還要悲傷。宋太宗非常滿意，賞賜了他，並提升他作豫州刺史。宋太宗又讓御醫羊志也去哭吊他的愛妃。羊志起初哭得不夠動人，後來愈哭愈傷心，幾乎痛不欲生。有人納悶他假哭得怎麼這麼逼真，羊志說：「我沒有假哭，恰巧那天我的老婆也死了。」

太平興國四年（西元九七九年），宋太宗車駕發自汴京，親征北漢。北漢此時是劉繼元在位。先帝劉鈞沒有兒子，繼位的是他外甥劉繼恩。劉繼恩本姓薛，年幼時被劉鈞收爲養子。劉繼恩繼位僅僅兩個月就被人暗殺，於是他弟弟劉繼元被眾人推上寶座。事實上，北漢現在的繼承人，已經不是真正的沙陀劉氏後人了。

宋太宗在攻克太原時，心裏憋了一肚子氣，周世宗和哥哥趙匡胤當年就屢攻不利，現在自己雖然打下來了，卻損失慘重。於是趙光義下詔搗毀太原堅城，改爲「平晉縣」，並派兵縱火把太原的建築物燒成灰。城裏面老弱病殘跑得慢，沒跑出來，就「被自焚」了。一時間，太原火光沖天，跟太宗心中因爲太原百姓抵抗而產生的怒火一樣大。

宋太宗攻打北漢時，他本人「親擐甲冑，不避矢石，親自指揮攻城」。宋軍見皇帝都不要命了，一個個群情激奮，「皆冒死先登」。劉繼元帳下的將校們一看這陣勢，紛紛從城牆上爬過來投降，北漢守軍漸漸不支。宋太宗親自寫勸降書，讓劉繼元「但速降，必保始終富貴」。北漢主劉繼元走投無路，親自於城北扯了白旗。

宋太宗一朝，那些寫詩賦頌揚帝德拍太宗馬屁的人往往能夠升官。有一個叫做田錫的官員被派為地方官，心裏不樂意，就下功夫寫了升平詩二十章。宋太宗見了龍顏大悅，一高興就把田錫改任為京官。還有一個叫做李度的，做了十年地方官也沒升職，就讓一個小太監把自己的詩傳入宮中，太宗又是「頗為賞識」，提拔他做了京官。

宋太宗提倡文治，所以讓武將也「知文儒之盛」，經常召集將軍們前往國家圖書館秘閣觀書等文化活動。在這種風氣下，有些武將竟然公雞下蛋母雞打鳴，也能作詩了。比如武將曹翰，還編有《玉關集》，有詩句是「曾因國難披金甲，恥為家貧賣寶刀。他日燕山磨峭壁，定應先勒大名曹。」宋太宗讀了，稱讚其寫得很好。

宋太宗攻打北漢前，曾經在全軍挑選出幾百名士兵，組建了一個舞劍表演團。專門訓練舞劍，這些士兵首先要不怕死，要把真正的利劍拋向空中然後再接住，稍有不慎，他們就會被自己拋出去的劍所傷，所以怕死的人都不敢學。其次要身手敏捷反應要快，還有就是身材要魁梧，舞劍者在舞劍時要脫掉上衣，露出腱子肉，「乾柴排骨」在氣勢上有損大宋的形象。

宋太宗喜歡吟詩作賦，每逢早春時節下春雨，就會搖頭晃腦作《喜春雨詩》。他作那麼多詩，就要給詩找市場，於是，他常常把詩賜給臣子們聯絡君臣感情。宰相張齊賢八十歲的老母去覲見，回來時捧著一首詩；趙普出貶外地，太宗在宮內設宴，賜詩給趙普。趙普捧著詩哭成了淚人：「陛下賜臣詩，當刻於石，與臣朽骨同葬泉下。」相當肉麻。

宋太宗經常賜給下屬書法作品，表示欣賞，於是，不僅各個部門都以掛太宗所書匾額爲榮，連蘇易簡和呂蒙正兩位大臣也曾爲了爭奪太宗的書法發生爭吵。宋太宗寫了一副草書，蘇易簡見了連忙磕頭，要皇上賞給他，呂蒙正也請求相賜。於是兩人吵了起來，蘇易簡理直氣壯地說：「是我先請求的！」於是太宗就將書法作品賞給了他。

呂端是從地方知縣升到中央做官的，在同事間的口碑並不好。因爲他看上去很傻，比如連皇帝都默許的灰色收入，他居然不要；朋友明擺著坑他，他卻接二連三地上當。所以他剛當上宰相時，有人就看不過去了，向皇帝打小報告，說呂端這個莊稼漢太糊塗了，宋太宗也不傻，多年來一直在觀察呂端，就說了一句：「呂端小事糊塗，大事不糊塗。」

太宗去世後，李太后想分享權力，於是讓皇帝趙恒坐在簾子後接見權臣。呂端站在皇帝的寶座前，也不跪拜，只是呼請皇上捲簾，登上金鑾殿接見群臣。之後呂端才走下臺階，率領群臣拜見新皇帝，粉碎了李太后的陰謀。

趙恒被立爲太子時，朝中出現了擁護派和反對派。呂端自然是擁護派。宋太宗駕崩，反對派領導人被呂端騙到了一個屋子裏，鎖了起來。趙恒繼位後，對擁立有功的呂端非常照顧，每次接見朝中大臣，對呂端都肅然拱手作揖，不直呼其名。呂端是個大胖子，如果他要上稍微高一點的宮廷臺階，真宗都特別關照，讓人扶他上去，但是呂端從來不居功自傲。

宋太宗即位後，對太祖的舊部也做出了一些妥善的安排。宋太宗對於太祖的舊部們也沒有虧待，他這麼做，也是爲了得到他們的擁戴，多一些粉絲們。比如薛居正、沈倫、盧多遜、曹彬和楚昭輔等人都加官晉爵，他們的兒孫也因此獲得官位。而一些太祖在世時曾加以處罰或想要處罰的人，太宗都予以赦免。

宋太宗更注重培養和提拔自己的親信。其實，太宗早在繼位前，就已經緊鑼密鼓地進行佈局了。太宗任開封府尹長達十五年之久，正是韜光養晦之時，他在此期間組織了一股舉足輕重的政治勢力。據統計，光晉王的幕府成員便有六十人之多。趙光義還有意結交不少文官武將。即便是太祖的舊部，諸如楚昭輔和盧多遜等掌握實權的朝

中要員，太宗都著意加以結納。

宋太宗深諳「細水長流」的道理，並且還將之運用在政治舞臺上。太宗繼位後，其幕府成員如程羽、賈琰、陳從信、張平等人，都陸續進入朝廷擔任要職。他原先接納他哥哥的舊部，是怕得罪了他們不利於自己的統治。等自己的翅膀漸漸硬了之後，就慢慢替換太祖朝的大臣。他還罷黜了一批元老宿將如趙普、向拱、高懷德等，將他們調到京師附近做官，便於控制。

太宗處心積慮地籠絡朝堂內外的人心，目的就是掩蓋自己內心的惶恐。太宗很會收買人心，把那些對自己有爭議的人的嘴都堵上。這樣一來，即使當時朝野內外對太宗的繼位有諸多非議，太宗也能夠把權力牢牢地掌握在自己手中，將整個朝廷逐漸變成服從自己的機構，而「斧聲燭影」和「金匱之盟」則成爲了後人永遠猜不透解不開的謎團。

太宗即位之後，總想在各個方面都超過他哥哥太祖，這樣國人就沒法可嚼舌頭了，肯定會爲自己歌功頌德。但是，無論太宗如何在文治武功上謀求超越太祖的地位，終太宗一朝，卻始終無法擺脫太祖的陰影。所以，活在太祖陰影中的太宗皇帝，日子並不是那些逍遙快樂的。

微歷史大事記

西元九七六年，十月二十日，太祖暴亡，次日太宗繼位，十二月改元。

西元九七九年，宋太宗親征北漢，徹底結束五代十國的大分裂。

西元九八一年，趙普拋出「金匱之盟」，取悅太宗，再度為相。

西元九八二年，趙普與盧多遜的政治鬥爭，以盧多遜被流放崖州而告終。

西元九八三年，曹彬冤獄；趙普罷相（自此再無大作為）。

西元九八六年，雍熙北伐失敗：岐溝關之戰、陳家谷之戰（楊業陣亡）。

西元九八九年，開科取士；寇準得太宗賞識。

西元九九〇年，錢幣書法史上的里程碑——淳化元寶。

西元九九二年，趙普、元僖病死。

西元九九七年，三月二十九日，太宗病死萬歲殿，後歸葬永熙陵。

第三章 命中注定宋真宗

千古名句——書中自有黃金屋

宋太宗晚年迷信相術，曾經讓術士陳摶入宮給子侄諸王看相。陳摶去襄王（趙恆）府前溜一圈就回來了，奏告說：「我遍觀諸王，命都不及壽王。」太宗說：「你還沒有見過他，怎麼知道他的命最好？」陳摶說：「我剛才見站在壽王門前的三個僕人，他們都具有日後成為將相的氣度。僕人都這樣，他們的主人自然更厲害。」於是，趙恆便成了太子。

宋真宗趙恆不是長子，他的老媽也不是皇后，本沒有資格繼承皇位。可是，當他大哥趙元佐發瘋，二哥趙元僖暴死之後，情況就發生了變化，因為瘋子做不了皇帝，死人更不會做皇帝，剩下的幾個皇子中他最大，所以他理所當然的成了準繼承人，太

宗皇帝在淳化五年（九九四年）確立了他的太子地位。

趙恆即位之前，發生了一個小插曲：宦官王繼恩等曾經謀劃將削去王位的瘋子趙元佐推上皇位。幸虧宰相呂端英明果斷，粉碎了他們的陰謀，使這次宮廷政變被扼殺在萌芽之中。趙恆宅心仁厚，不但沒有爲難差一點搶了他皇帝寶座的瘋子哥哥趙元佐，還恢復了他楚王的身分，加授他爲同平章事，享受宰相級別的待遇。

趙恆御駕親征時，到了韋城（今河南省滑縣東南），聽說遼兵氣勢逼人，想退兵。寇準忍著想罵趙恆的衝動說：「如今敵軍逼近，情況危急，我們只能前進，不能後退。軍心最重要啊！你要是後退，恐怕連金陵也保不住了。」趙恆才勉強同意繼續進軍，渡河進入澶州城。宋軍見到皇上來了，戰鬥力暴增，滅敵數千，射法也準了，遼軍主將被射死。

趙恆不但自己勤於政事，同時還要求地方官吏也這樣做。在一次朝堂議事過程中，他對幾位宰相說，天下各州，都爭相向朝廷進獻珍禽異獸，還有什麼祥瑞之物，這是表面文章，沒有什麼用，賢臣才是最大的祥瑞。此後不久，他還專門下詔，不許官員再進獻奇禽珍獸，也不許再報什麼一穀長了兩穗，靈芝長得比磨盤還要大之類的祥瑞。

「書中自有黃金屋」是宋真宗的名言。他的「富家不用買良田，書中自有千鐘粟。安居不用架高樓，書中自有黃金屋。娶妻莫恨無良媒，書中自有顏如玉。出門莫恨無人隨，書中車馬多如簇」很受歡迎，大家一傳百百傳千，提取總結，有了「書中自有黃金屋，書中自有顏如玉」這樣的千古流行語句。

趙恆執政初期，北方鄰居契丹人不斷過來找麻煩。北方的鄰居契丹人，依仗騎兵的快速機動能力，經常侵入趙宋邊境，劫掠一番便揚長而去。以步兵為主的宋軍，兩條腿怎麼也趕不上四條腿，更何況「守內虛外」之後，朝廷對契丹人推行的是綏靖政策，儘量避免正面衝突，敵人來搶劫，趕跑了了事，嚴禁宋軍追擊攻敵。

宋真宗在宋遼大戰時御駕親征，卻遲遲不肯出發。寇準就想了個法子嚇唬這個懦弱的皇帝，他把前線發來的戰報都扣下來，先不讓宋真宗知道，等攢多了再一塊兒給他看。真宗一看這麼多急報，嚇壞了，趕緊問怎辦。寇準說：「你是想慢慢來還是快速出擊呢？」真宗說：「當然是快的啊！」寇準奸笑著說：「那還不快御駕親征？五天就能解決！」

宋真宗喜歡自欺欺人，大中祥符元年（一〇〇八年）十月，宋真宗從汴京出發，率領文武百官、司機後勤，浩浩蕩蕩開赴泰山封禪。這次「東封」，包括到曲阜祭孔在內，前後花了四十七天時間。這齣搞完後，真宗沒有停止他「以神道設教」的事業，那些拍馬屁的也不斷向他「爭奏祥瑞，競獻讚頌」，到了「一國上下如病狂熱」

的地步。

宋朝五鬼

宋真宗時期有「五鬼」，分別是丁謂、王欽若、林特、陳澎年、劉承珪。這五巨頭不僅都是拍馬屁的好手，也是才人。陳澎年編的字典《廣韻》，直到清代還是制定的教輔書；太監劉承珪是理財能手，他主編的史學書籍《冊府元龜》是北宋四大部書之一；林特編寫的《會計錄》是中國財務領域的開山之作，堪稱會計學的祖師。

宋代第一個執政的皇太后

宋真宗的劉皇后長得很漂亮，也很有魅力。她做皇后時，已經四十多歲了，按說是個正常的男人就想要個年輕漂亮的老婆，但是劉氏用她的智慧和能力把宋真宗給迷住了。她不僅把後宮打理得井井有條，每天還能在枕頭邊給真宗出主意。後來真宗病倒在床，劉皇后就順理成章地幫老公處理朝政，成了「攝政女王」。

劉太后大權在握時，想要效仿武則天過一把女皇帝的癮。當時的大臣魯宗道以耿直著稱，在劉太后眼裏自然是又臭又硬。有天太后問這塊茅坑裏的石頭——魯宗道說：「唐武后是個怎麼樣的太后？」魯宗道彷彿被人罵了娘一樣，紅著臉罵道：「她是唐朝的罪人，險些沒有把李唐王朝滅掉！」劉太后只好以沉默結束了這次對話。

劉太后掌握大權後，有拍馬的大臣討好她，建議她仿照武則天立劉氏七廟。她就這事去詢問魯宗道，魯宗道直接反問道：「趙氏子孫怎麼辦？」劉太后碰了一鼻子灰，老實了很多。有人把《武后臨朝圖》獻給劉太后，劉太后有了心理陰影，竟然把畫像像扔狗屎一樣扔在地上，說：「這種有負祖宗的事我不幹！」

劉太后曾經穿著天子的衣服謁見太廟，一位副宰相看不過去了，問她：「大謁之日，你是以男人的身分拜，還是以女人的身分拜？」給她個「善意提醒」。劉太后也是個老江湖了，知道是什麼意思，就脫掉了皇上穿的服裝，但她沒有直接穿太后服，而是將服裝改了一下，還是跟皇上穿的差不多。

劉太后作爲宋代第一個執政的皇太后，政治手腕高超，治國能力強，是個不錯的女人。晚年，她召見曾經反對她干預朝政的李迪，問道：「我幫助皇上治國到現在，你覺得怎樣？」李迪心悅誠服，爲自己當年的行爲羞愧：「當初不知道皇太后這樣有盛德！」

劉太后雖然是個女人，卻幹了好多實事，是一個對大宋做出過突出貢獻的女政治

家。她的垂簾聽政，爲仁宗盛世奠定了基礎。據說劉太后臨死前，對著仁宗拉拉自己的天子袞冕，好像要說什麼話。大臣薛奎一廂情願地認爲，太后這是在示意穿著天子的行頭不能去見九泉之下自己的老公。於是，仁宗改用皇后冠服給劉太后入殮。

Q 隨時準備做宰相——寇準

寇準是真宗時候的名相，對宋遼關係產生了很大的影響。寇準是華州下邽人，在很多文學作品中常被戲稱爲「寇老西兒」。寇準十九歲就考中進士，少年得志，到三十歲已經是資深官員了，在很多位置上都待過，太宗本來想提拔他做宰相，但又覺得他太年輕，難以服眾，就先放下了。寇準知道後，就找來一個偏方天天吃，竟然吃出成績來：鬚髮皆白。西元一○○四年，寇準四十三歲的時候，終於做了宰相。他這個人很有個性，生性豪爽，不拘小節，是個潮人。

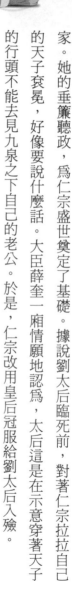

太宗時，有一次寇準在大殿奏事，說的話很不合太宗的心意，太宗氣走時，寇準拉著他的衣服耍賴不讓走，搞得太宗很尷尬。

寇準家是書香門第，他老爸寇相就很厲害，在五代後晉時中過進士，在一個貴族府第做秘書一類的小官。寇準生下來後不久，他老爸就掛了，家裏沒了支柱，慢慢地就變窮了。但寇準老媽也有前瞻性的眼光，對兒子的教育很重視。寇準很爭氣，聰明好學，在書海中汲取營養，對《春秋》三傳，讀得滾瓜爛熟，理解得很透徹。

寇準小的時候雖然很聰明，卻不好好讀書，整天跟一群小混混們玩雞鬥狗。他老媽對他管教得很嚴，但還是管不住他。有一次，他老媽看見他又去鬼混，很生氣，順手拿了一個秤砣砸向了不爭氣的兒子。很顯然，寇準再硬也沒有秤砣硬，頓時寇準的腳背上被砸開了花，一時間血流滿地。從此寇準吸取了「血」的教訓，不再吊兒郎噹。

宋真宗熱衷於封禪事業，寇準也不傻，十分配合真宗自欺欺人的迷信活動。他不僅主動要求參加封禪大典，還向真宗報告轄區內的乾祐山出現了「天書」，真宗看寇準這麼識相，就慢慢恢復了對他的信任。天禧三年（一〇一九年），王欽若被罷相後，寇準再次上臺做了宰相。

淳化初年，北宋朝廷處理了兩樁受賄案，但情節嚴重的王淮，僅被撤職打了一頓板子，不久就官復原職；而情節較輕的祖吉，不僅被雙規，還被處死了。寇準知道這是王淮的哥哥、參政王沔搞的鬼，於是在淳化二年（九九一年）議論朝政得失的時候，讓宋太宗把王沔找來，當面解釋案情。宋太宗聽了就責問王沔，王沔嚇個半死，連連謝罪。

宋太宗時，立皇儲的事讓他十分頭疼。當時一般的大臣都不敢說立儲的事，因爲大臣馮拯曾上疏請立皇儲，被太宗貶到了鳥不拉屎的嶺南。太宗問寇準：「應立誰爲皇太子？」寇準說：「爲天下選擇國君，不能與后妃、中官（太監）商量，也不能跟我這樣的近臣謀劃，最好是選擇一個眾望所歸的人立爲太子。」太宗很賞識寇準說真話的性格，不久立襄王爲太子。

宋太宗很倚重寇準。寇準由於受張遜誣陷，被貶到了青州，但宋太宗離不開寇準，所以寇準去青州後，太宗悶悶不樂，經常詢問有關寇準在青州的情況。第二年，寇準就被召回京師，拜爲參知政事。至道元年（九九五年）又加給事中。有人給太宗獻了個寶物，一個通天犀牛角，太宗令人裝飾成兩條皮帶，一條自用，另一條賜給了寇準。

宋遼澶州大戰時，真宗御駕親征，卻跟大姑娘一樣，羞怯得很。他在澶州北城象徵性地巡視一圈後，就一溜煙跑回了南城行宮，把寇準留在北城，負責指揮作戰。之後真宗很忐忑，生怕出現意外，幾次派人探視寇準的舉動。寇準也很憂慮，但是爲了穩住宋真宗，就跟知制誥楊億在城樓上喝酒下棋，裝得很淡定。看寇準胸有成竹，真宗就不再恐慌。

寇準剛當宰相時，很奢侈，平時喜歡聽歌，酒餘茶後經常叫一些歌女唱歌排憂解悶。有一次，一個妙齡歌女來相府清唱，寇準見她人好歌也好，一高興，就賞她一匹綾緞。沒想到歌女還嫌少，一臉的不高興。對此一個家境貧寒的侍妾蒨桃很氣憤，寫了一首《呈寇公》的小詩，告訴他這一匹一匹的綾緞，都來之不易。寇準讀後，很是感動，就變節省了。

寇準做參政知事時，和鄉下來的舅舅入席用飯。老漢看著宴席上的山珍海味，硬是不入席，指著宴席說：「這一桌飯，夠咱家鄉一家人過幾個月哩！你好吃好喝，可知咱老家還沒過年，已鬧起了饑荒，到明年春天，不知要餓死多少人呢！」寇準聽舅舅這一說，頓感自己失職，愧對鄉里。他請旨回陝西後，免征關中賦稅三年，爲家鄉辦了很多好事。

太子元佐成了瘋子，經常殺人放火。宋太宗向寇準請教解決方法。寇準獻上一計：「三天之後上午，陛下讓太子去祖廟祭祀，如此這般……」三天後，興奮的元佐帶著大群侍衛，耀威揚武地奔向祖廟。趁東宮內無人，太宗派人搜出很多兇殘的刑具，如割肉、挑筋、摘舌等犯罪工具。元佐回來後面對大批物證，只好低頭認罪。當天晚上就被廢。

宋真宗得風濕病後，劉皇后參與朝政，有事就問丁謂怎麼辦。寇準上奏反對劉后預政，反對丁謂專權。病中的真宗也意識到丁謂專權的嚴重性，批准了。寇準讓楊

億秘密起草太子監國的詔旨，並且準備與楊億一起輔政。不料，悲劇無處不在，楊億的小舅子張演酒後洩漏此事，劉皇后先下手爲強，寇準被罷免爲太子太傅，封爲萊國公，失去了實權。

寇準是被奸人害死的。寇準再次罷相後，老狐狸丁謂當了宰相。丁謂爲了將寇準置於死地，把他一貶再貶。最後寇準在乾興元年（一〇二二年）被放逐到邊遠的雷州去當司戶參軍，等於被發配到那裏去充軍。寇準到雷州後，生活艱難，每天吃不飽穿不暖，睡覺時常有野獸狼嚎不斷，身體很快垮了下來。第二年秋天，寇準就在憂鬱中病死了。

寇準逝世後，他的老婆將他的靈柩運回洛陽安葬。在經過湖北公安縣時，當地的老百姓思念這一位好宰相，將掛有祭物的竹子插在地上祭拜他，然後把竹子跟祭品燒給在天堂的寇準。於是奇蹟發生了，過了一段時間，焚燒祭物的地方竟然長出了竹筍，並蔓延成了竹林。當地人就在附近給寇準修了祠堂，還把那些竹子稱爲「相公竹」。

澶淵之盟

宋遼大戰時，蕭太后見遼軍陷入被動，要求議和。宋真宗與寇準決定派曹利用前去談判。曹利用出發前，問真宗：「每年給遼朝金帛多少？」真宗說：「真不行，給一百萬也可以！」曹利用出來後，寇準立即對他說：「這次你去議和，皇上說一百萬，但如果超過三十萬，我就殺了你！」曹利用表示壓力山大，立即出發到遼營談判。

西元一○○四年，宋遼簽訂了和平停戰協議，史稱「澶淵之盟」。在談判中，曹利用態度很堅決，義正言辭，多次駁回遼方索要周世宗收復的已歸北宋版圖的燕南等地的無理要求，拒不割讓一寸國土。宋遼於十二月正式議定：以宋朝送給遼歲幣銀十萬兩，絹二十萬匹，換得遼軍回家放羊。這就是歷史上的「澶淵之盟」。此後幾十年，兩國相對和平。

曹利用是「澶淵之盟」的北宋首席談判代表，他回來後，真宗派宦官去問他答應給遼國多少財物。曹利用淡定地豎起三個手指，太監回去後告訴真宗：「他伸了三個手指，我估摸著是三百萬。」真宗驚叫：「太多了吧！」想了一會兒，他又說，「能了結此事，三百萬就三百萬吧。」後來他召見曹利用，知道只給了遼國三十萬，跟中彩票一樣。

一天早朝後，真宗目送宰相寇準離開，這時大臣王欽若吃醋了。他對真宗說：「您是不是覺得寇準有功勞？」真宗點頭。王欽若開始忽悠：「澶州一役，陛下不覺得丟臉嗎？」真宗一臉納悶。王欽若說：「您是大國天子，跟外夷議和，多丟人，再說寇準就是拿您做賭注，不顧您的安危。」真宗一聽，從此疏遠了寇準，罷了他的官。

王欽若有個同事叫毋賓古，有一次他對王欽若說：「各地農民都拖欠農業稅，有的已拖了十幾年甚至幾十年。年積一年，老百姓根本沒有能力償還。可是因爲賬上掛著，基層當官的就年年下去催要，並且借機勒索，這都成了一大社會問題。」王欽若聽了後，搶先報告宋真宗，宋真宗免去拖欠稅款，老百姓都稱讚他，如此他對王欽若印象更好了。

王欽若是個善於察言觀色、逢迎邀寵的馬屁精。他正經事沒多大能耐，但在搞小動作方面，很有成就。他「性傾巧，敢爲矯誕」，詭詐得很，善於弄虛作假。他故意對宋真宗說：「要雪前恥，不如出兵奪回燕雲十六州。」真宗是個爛泥巴糊不上牆，哪敢作戰，只回答說要和平。王欽若乘機說：「那就搞封禪唄！既能鎮服四海，又能誇示外國。」真宗很喜歡這一套。

「取到經是唐僧的，犯了禍是孫猴子的。」王欽若經常幹這樣的事。宋真宗命他與楊億等人主修《冊府元龜》，在修纂過程中，他每修纂一部分都要向真宗彙報，如得到真宗的褒獎稱讚，他就將自己的名字列在第一以謝皇上；如果出了毛病，受到真宗的譴問，他就推卸責任，叮囑書吏說是楊億等人幹的。

王欽若是真宗時期的宰相，當時屬於主和派，主張把國都南遷，與主戰的寇準對立。宋太祖曾經說過：「不用南人爲相」。真宗時，想用臨江軍人王欽若做宰相，大臣王旦就出來用祖宗之法來阻撓，真宗只好妥協。後來王旦死後，王欽若才受到重用，王欽若就發牢騷說：「王旦耽誤了老子做宰相十年！」

王欽若做科舉主考官時。考生臨津任懿爲錄取走後門，通過一個與王欽若要好的僧人惠秦搭橋引線，送了三百五十兩的賄賂銀票到王家。這場骯髒交易雖然做成了，但事後被人檢舉揭發，鑒於王欽若當時是真宗面前的紅人，法司不敢深究，最後把賄賂舞弊的罪名安在考官洪湛身上。當時人們雖然知道這是冤案，但王欽若當時是副宰相，權勢大，沒人出來抱不平。

王欽若是個投機的好手。至道二年（九九六年），開封府發生旱災，當時主持開封府工作的太子趙恆大發慈悲地把田賦都免掉了。可是不久，有人投訴他收買人心，謊報災情。多疑的宋太宗派紀檢委去調查，官員們回來都說確實有旱情，其中王欽若說實際的災情比上報的還要嚴重。惶恐的趙恆很感動，上任不久就把王欽若調到京城總部任職。

王欽若夥同宋真宗造假搞「天瑞」，想弄個山寨天書。真宗擔心地說：「王旦也許不會同意這麼幹吧？」王旦是當時的宰相，寇準已經奉旨一邊涼快去了。真宗就把王旦請來喝酒，正當喝得高興的當兒，命人取出一樽酒來賜給王旦說：「帶回去同老婆孩子一起享用吧！」王旦回家後打開一看，裏面盛的全是美珠！從此，王旦成了造假的帶頭羊。

大中祥符元年（西元一〇〇八年）正月，宋真宗把朝臣召集起來，煞有介事地對大家說：「去年有個穿絳衣的神仙對我說將降天書『大中禪符』三篇，說完就不見了。剛才城皇司來奏稱在左承天門南發現有帛布懸於屋梁上，原來正是神人說的天書啊！」王旦等當即磕頭祝賀。真宗趁熱打鐵，給京師放三天國假狂歡，掀起了一股「爭言祥瑞」的熱潮。

王旦是一個賢相，在真宗的封禪運動中，他早就識破了王欽若的陰謀，但皇帝中了封禪的「毒」，他胳膊擰不過大腿，只好給僞造天書圓謊，然後一次次昧著良心出席各種僞造天書的慶祝活動。臨終時，他給兒子留下遺囑說：「我這輩子沒有其他什麼大錯，只是沒能勸阻天書這件事，罪過啊！我死以後要剃掉頭髮，穿上黑衣服，向老天謝罪。」

Q 好壞無所謂——丁謂

參政知事（相當於副宰相）丁謂很有才，琴棋書畫都精通，但是心眼有點歪，為人很奸詐。他本來是靠寇準的推薦才得到重用的，因而對寇準畢恭畢敬。有一次宴會時，寇準的鬍子上沾上了菜湯，丁謂瞅準機會親自幫寇準整理乾淨。寇準譏笑他：「參政知事是國家重臣，竟然給上司捋鬍子！」弄得丁謂下不了臺，從此懷恨在心。

丁謂長了一雙斜視的眼睛，仰視的時候，跟要飯的一樣，相面的人說他是「猴形」。他小時候調皮搗蛋，有一個姓郁的老先生對他嚴加管教，才讓他學業沒有荒廢。後來，丁謂專門去拜訪恩師。郁先生死後，丁謂還特地派人處理後事，買了棺材高規格安葬，陪葬的物品有很多。

丁謂是個花花腸子。宋真宗賞給八個大臣每人一條玉腰帶，可惜府庫只有七條，於是他就拿自己的腰帶補上。丁謂很想要，但他不明說，只把其他七條發給另七個人，自己留著宋真宗那條。上朝的時候，真宗納悶他沒佩戴新的玉腰帶，丁謂說：

「陛下的太貴重，臣不敢要，想還給您。」宋真宗傻乎乎地被感動了，就把腰帶賞給了丁謂。

丁謂自稱是神仙丁令威的後裔，不僅在自己家的別墅裏建有仙遊亭、仙遊洞，還常常說自己能見到真正的仙鶴，於是人們諷刺地稱他爲「鶴相」。宋真宗從泰山封禪回到充州時，丁謂指著當地小孩子玩的一隻小烏龜說是祥瑞，獻給了真宗。後來，他又操縱女道士劉德妙，拿家裏養的一隻烏龜說成是太上老君的化身，親自歌頌。

寇準遭貶，據說是丁謂等背著宋真宗幹的。寇準被貶時，真宗生病在床，不瞭解情況，問左右的人：「爲什麼多日沒見寇準？」人們都含糊其辭不敢說真話。寇準離開京城那天，大臣們由於害怕丁謂，都不敢去送行，只有王曙以「朋友之義」爲寇準餞行。當時有個叫李迪的人對寇準罷相十分憤懣，公然宣布自己與丁謂不共戴天，甚至持手板擊打丁謂。

丁謂其實也很有才，比如工程方面。有一次宮中失火，亭台樓榭都化爲了一抔灰。宋真宗讓丁謂負責重建，工程量很大：夯實基礎，修牆的泥土缺乏，木材、石料、水等建築材料需運輸。丁謂先挖了一條大溝，溝通城外的運河，這樣泥土和水就有了，外邊的建材也可以通過運河運過來，建築垃圾還可以填溝裏，又經濟又省工，一舉三得。

太監周懷政和丁謂有私怨，他聯絡同黨，企圖發動政變，把奸臣丁謂給殺掉，讓寇準出來做宰相，然後把真宗推上太上皇的位置，擁立太子即位。不料事發前一晚上，客省使楊崇勳等突然反悔，出賣了他。丁謂連夜化裝坐著牛車到曹利用那裏商量對策。兩人派兵包圍了周懷政的住處。周懷政被俘後，不久就自殺身亡。

丁謂做人也有厚道的時候。有一次他覲見真宗，正好真宗對一個大臣不滿，便在丁謂面前說了那個大臣很多的壞話，還問丁謂對那個傢伙的印象怎樣。過了半天，真宗發現丁謂一句話也沒說，就問丁謂：「你啞巴了，怎麼不說話？」丁謂這時候才回答說：「聖上威武，我只要隨便加上一條壞處，那個大臣可能就立刻沒命了，我不幹草菅人命的事。」

宋真宗病危時，唯一不放心的就是自己年幼的兒子，生怕皇位落入他人之手。他最後一次召開國家首腦會議，宰相丁謂代表文武百官發誓說：「我們全力輔佐太子，如不遵守天打五雷轟，陛下您就放心吧。要是有誰敢危害江山社稷，我們第一個不答應！」真宗當時已經不能說話了，只是點頭微笑，表示滿意，不久就咽了氣。

文質彬彬成名將——曹彬

曹彬是北宋初年的名將，奉命征伐江南時，因爲不忍生靈塗炭，就裝病不肯就職。同僚的武將們紛紛去問候。曹彬對將士們說：「我的疾病，絕不是吃藥能夠治癒，只要你們發誓，攻克江南之日，決不妄殺一人，那麼我的疾病就可痊癒了。」將士們聽了曹彬的話，對天焚香爲誓。宋軍攻城後，受到城內老百姓的歡迎。曹彬班師還朝後，上書說：「皇上交代我去江南做的事已經完成了。」

西元一二七四年，史天澤、伯顏率軍南侵，忽必烈給他們訓話：「自古以來，最善於攻取江南的，只有曹彬。你們要向他學習，這樣才能打下江南！」

曹彬在徐州做官時，有一個官員犯了罪，按照法律應該處以杖刑，但曹彬卻要一年後才杖罰他，人們都不知道原因。曹彬說：「我聽說這個人剛結婚，如果我現在馬上杖罰他，他的父母肯定會以爲是兒媳婦帶來的不吉利，從而日夜鞭打責罵她，使其難以自存。我拖延杖罰那個官員，于法並不妨礙，一舉兩得，何樂而不爲呢？」

曹彬爲人仁厚，喜歡寬以待人。當時手握重兵的一些大將如潘美、曹翰等，經常不買曹彬的賬，曹翰還是他的親侄子。潘美這人愛耍小聰明，很難控制；曹翰品行惡劣，爲人貪婪，性嗜殺人。先前，曹彬派他去攻打九江時，他雖然作戰勇敢，卻縱兵擄掠，還下令屠城，裝了二十多船的財寶，悄悄運回老家去了。

曹彬是一個「文質彬彬」的君子，做人低調寬厚。他在朝廷從沒有違逆過皇上的旨意，也從沒有議論過別人的過失。曹彬在路上即使遇到士大夫的車子，也會讓自己的車馬避路讓行。他也從不直接喊手下官吏的名字，以表示對他們的尊重。每當有稟告事情的，他都要整衣戴冠後才接見。對於自己的僚屬，他總是推己及人，寬宏大度。

曹彬雖然是一個軍人，每天打打殺殺，但治軍仁厚，名聲很好。北宋攻打後蜀時，每攻下一城，他都把捕獲的婦女安置在一個宅第裏，告訴部下說此乃進貢之物，需加密防護，防止士兵姦淫擄掠。等士兵屠城的風潮一過，他便訪察婦女的親眷，將之歸還；如果親眷死了，就自己出錢給她們找個好人家。

太祖曾經許諾曹彬，攻下江南後讓他做宰相。但等到他勝利班師，太祖卻遲遲不開口。這時候，曹彬沒有生小心眼，擱在心裏不痛快。但古時君無戲言，皇帝說話不算數，可是國家大事。於是曹彬一改低調寡語的特點，在一次宴會上問及此事。太祖說：「我哪會忘了，河東還未平復，如果升你爲相，位尊德重，誰替我打仗啊？」君臣無猜，一時成爲美談。

曹彬病重期間，宋真宗趙恆曾到他的府上探望，詢問趙宋與契丹的事。趙恆問道：「此後誰能爲將，擔當國家守衛邊防的重任？」曹彬看了趙恆一眼說：「曹璨、曹瑋兩個人都行。」「曹璨、曹瑋不是你的兒子嗎？」趙恆吃驚地問。「陛下是問誰可爲將，並沒有問誰是我的兒子。」趙恆被這一番搶白，噎得無話可說。

曹瑋是曹彬的兒子，三十多歲就在軍界贏得了很高的評價。一次，曹瑋視察邊防，發現部隊工事擋箭板不符合規定，當即要求更換，這時一位老將見曹瑋年輕當即頂撞：「我們這裏從來就是這個規格。」曹瑋一聽立即回擊說道：「那麼今天這規格就得改新的。」並且命令刀斧手把這位老將推出斬首。從此以後，全軍上下都懾服於曹瑋。

曹瑋對部隊建設更爲重視，對手下的禁軍訓練頗爲嚴格，有一個故事可見一斑：有一次，曹瑋去拜訪一個朋友，朋友很奇怪曹瑋身爲大將，爲何來自家沒有帶護衛。等到朋友送曹瑋出門時才發現，門外居然部署著三千鐵甲軍。只見三千鐵甲鴉雀無聲，戰馬一聲嘶鳴也沒有，靜得就像沒有人一樣，朋友這才恍然大悟。

曹瑋重視民兵建設，招募「弓箭手」時，按武功好壞給其土地，官軍很少給他們給養，因爲這些人有了土地，一旦敵人入侵，事關切身利益，作戰時候會勇猛無比，甚至超過了禁軍。原來宋軍對蕃軍的管理很混亂，曹瑋就對蕃軍的編制、官銜，軍餉做了制度化、正規化，提高了蕃軍戰鬥力。

曹瑋的戰功赫赫，受到真宗信任，對手都很怕他。後來曹瑋死後李元昊叛亂，宋帝國名將葛懷敏就被賜予曹瑋穿過的鎧甲以顯示榮耀。曹瑋的對手對他也非常尊敬，廝囉聽到有人提到曹瑋，「即望瑋所在，東向合手加額」。契丹使者經過曹瑋駐地，一律慢行，不准策馬飛奔。曹瑋以其出色的戰績，成爲宋朝西北邊防的旗幟。

曹瑋率軍與吐蕃軍隊作戰，把敵人打跑了，之後又使用「牛羊計」，命令士兵驅趕著繳獲的一大群牛羊往回走。牛羊走得很慢，落在了大部隊後面。吐蕃軍隊狼狽逃竄了幾十里，聽探子報告說，曹瑋捨不得扔下牛羊，致使部隊亂哄哄地不成隊形，便掉頭趕回來，準備襲擊曹瑋的部隊，結果被以逸待勞的曹軍用一個回合再次打敗了。

西夏是一個當時著名的流氓國家，經常派兵騷擾北宋的邊境，北宋政府很頭疼，百姓也常常抱怨生活節奏被打亂。皇帝召見大將軍曹瑋，命他率部前往平定。曹瑋帶兵直驅西北邊疆。西夏的軍隊一見「曹」字旗幟，知道是大將軍曹瑋來了，紛紛潰逃。

＊微歷史大事記＊

西元九八三年，皇子德昌授檢校太保、同中書門下平章事，封韓王，改名元休。

西元九八八年，元休封襄王，改名元侃。

西元九九四年，元侃封壽王，加檢校太傅、開封尹。

西元九九五年，二十八歲的壽王元侃被立為皇太子，改名恆。

西元九九七年，太宗病死，太子趙恆繼位柩前。

西元一〇〇四年，寇準與參知政事畢士安一同出任宰相（同平章事）。

西元一〇〇四年，遼軍南侵，宋真宗赴澶州前線，挽回敗局，訂立「澶淵盟約」。

西元一〇一一年，交子在成都地區出現，為最早的紙幣。

西元一〇一九年，王欽若被罷相後，寇準再次上臺做了宰相。

西元一〇二二年，宋真宗病死，在位二十六年，葬於永定陵。

第四章 狸貓太子宋仁宗

貍貓換太子

宋仁宗趙禎生世很曲折，他的親媽是劉氏的一個侍女。劉氏雖然深受真宗寵愛，卻沒生下一男半女，而她宮裏的侍女李氏受到真宗寵幸，懷了孕，大中祥符三年（一〇一〇年）生下了仁宗。劉氏就把這個孩子當成了自己的，嚴禁別人跟孩子說真相。於是，這個皇子從小就叫劉氏大娘娘，一直認爲劉氏就是自己的親媽。直到劉氏掛了後，仁宗才知道真相。

趙禎是「狸貓換太子」故事的原型。相傳劉妃與內監郭槐合謀，以剝皮狸貓調換了李宸妃所生嬰兒，污蔑李宸妃生下了妖孽，李宸妃隨即被打入冷宮。趙恒死後，李妃的孩子仁宗趙禎即位，包拯奉旨赴陳州勘察國舅龐煜放賑舞弊案。途中，包拯受理李妃冤案並爲其平冤，迎雙目失明的李妃還朝，皇太后劉氏畏罪自殺。

趙禎的親媽李順容是一個侍女，莊重而不愛說話，偶然被真宗看中，成爲後宮妃嬪之一。真宗的后妃們生過五個男孩，都夭折了。李氏懷孕時，跟真宗出去旅遊，不小心碰掉了玉釵。真宗心裏就開始嘀咕，要是玉釵完好，就生個男孩！左右取來玉釵，果然完好。生了個男孩後，真宗看著自己的兒子一天天長大，對於自己的「卦術」很自豪。

仁宗的親媽李氏臨死時，被封爲宸妃。李氏死後，劉太后想秘而不宣，準備以一般宮女的規格下葬李氏。宰相呂夷簡勸她說：「要想以後保住劉氏一族，就必須厚葬李妃。」劉太后這才意識到了事情的嚴重性，決定以高規格爲李宸妃發喪。果然仁宗知道身世真相後，差點把劉氏一門給滅掉，但看到自己老媽死後沒有被虧待，便說：「自今大娘娘平生分明矣。」言外之意就是劉太后是清白的，沒有謀害自己的母親。

「仁宗認母」其實跟包拯毫無關係。這件事發生在仁宗親政之前，當時包拯還是一個交農業稅的布衣百姓。直到仁宗景祐四年（西元一〇三七年），二十九歲的包拯才考中進士，在和州（今安徽和縣）做官。但由於不在父母身邊，包拯辭職回家，孝養雙親多年，直到四十歲時才出來做官。在很長一段時間裏，他都沒有去過京城，哪能幫助仁宗尋找生母呢！

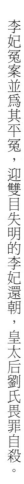

仁宗上臺時，趙氏子孫已經用八十年的時間讓大宋有了「宋三多」——官員多、兵多、開支多，這讓百姓生活沒了著落，於是他們扛起鋤頭等當武器找事做，暴動此起彼伏。宋軍被一向瞧不起的窮國西夏打敗後，宋仁宗很無語，他希望宰相呂夷簡能創造奇蹟，但是呂夷簡束手無策，仁宗只好任用歐陽修、范仲淹等敢於在朝堂上大聲說話的人。

宋仁宗很仁慈，人氣魅力指數很高。有一次，出使北方的大使報告說：「高麗棒子的貢物越來越少了，這也太不像話了，要不要出兵教訓一下他們？」仁宗卻說：「這都是他們的國王的罪，現在出兵，他們的國王不一定能夠殺掉，反而有無數百姓會遭殃！」對大使的意見置之不理，後來仁宗死後，訃告送到遼國，遼國上下都比死了親爹還難過。

十三歲的仁宗即位時，皇太后劉氏垂簾聽政，被罵成是「武則天第二」，攫取了真宗弟弟「八千歲」涇王趙元儼的攝政地位。因爲傳說真宗咽氣前，用手指了指自己的胸，又伸出五根手指，再展三指，示意眾人。人們就猜測說這是「八」，是要「八千歲」攝政！劉后反駁說那是三五天病就好了的意思。

仁宗即位時，皇太后劉氏攝政，對仁宗很不客氣，三番五次破壞仁宗的感情事。仁宗喜歡王蒙正的女兒，但太后藉口王美女「妖豔太甚，恐不利於少主」，活生生地

將這個「姿色冠世」的少女許配給了劉美的兒子劉從德。自己喜歡的女人嫁給別人，無疑給仁宗幼小的心靈蒙上了陰影，極大地傷害了少年皇帝的感情。

仁宗十五歲時，劉太后選了幾個有身分的少女進宮，作爲皇后候選人，其中有已故中書令郭崇的孫女郭氏，和已故驍騎衛上將軍張美的曾孫女張氏。當時仁宗一眼就看中了張氏，說可以讓她做皇后，但劉太后說這個不可以。仁宗想罵她來著，可是九五之尊要低調，於是憋了一肚子火。

有一次，尚美人當著仁宗的面譏諷郭皇后，郭皇后很生氣，上前就要抽她嘴巴子，不料抽到了來勸架的仁宗脖子上。仁宗很生氣，讓宰相呂夷簡來「鑒定」傷痕，隨後仁宗下詔，稱皇后無子，「願意」當道姑，特封淨妃、玉京沖妙仙師，改名淨悟，扔到了長寧宮「修仙」去了。

宋仁宗做太子時，偶得閒暇，便喜歡畫馬玩，於是宮裏的內臣多有找他要的，他的老師張士遜也跟風要畫。仁宗尊師重道地說：「怎麼能用畫馬來打發師父呢？」於是，就大書了八個字送給師傅：「寅亮天地，弼餘一人」，意思是「恭奉天與地，輔佐我一人」，張大人撈足了面子，上奏真宗誇太子小小年紀，已頗有君主之風。

宋仁宗小時候就喜歡寫字。東宮一個首要大宦官名叫周懷政，來找仁宗討要墨寶。周懷政原來是位孤兒，被一個宦官收養，入宮當了宦官，於是仁宗玩笑地大書幾字「周家哥哥斬斬」。後來，真宗重病，周懷政想讓讓太子監國，寇準輔國，結果在複雜的宮廷鬥爭之中，「周家哥哥」果然被處以極刑。仁宗兒時的一句戲言，變成了現實。

仁宗提倡勤儉節約，並且以身作則。他禁止宮中搞那些奢侈無用的玩意，讓人們知道「粒粒皆辛苦」，樹立了很好的風氣。他寢宮的被子，由於很久都沒換新的，洗得顏色已經從明黃變成暗黃了。有些人認爲這有作秀嫌疑，每年的貢品那麼多，還換不起被子？但是仁宗「上有好者，下筆盛焉」，讓宮中保持著不尙奢靡的風氣。

有一天，仁宗宿於曹皇后宮中。半夜裏突然一片大亂，一般的皇上都嚇趴下了，仁宗卻要出去看看發生了什麼事。導致宮中大亂的造反人士正找不到皇上呢，是看的時候嗎？還好曹皇后淡定地處理了一切：她把身邊手下召集起來把守宮門，並親手爲每人剪下一縷頭髮，宣布叛亂平息後，以髮爲記，論功行賞。結果叛逆者被殺退了，仁宗大爲佩服。

仁宗皇帝性情寬厚，不事奢華，還能夠約束自己，因此受到歷代歷史學家、政治家的稱讚。有一次，時値初秋，官員獻上蛤蜊。仁宗問：「從哪裡搞來的？」臣下答說從外地運來。仁宗又問要多少錢，答說共二十八枚，每枚一千錢。仁宗說：「我常常告誡你們要節省，現在吃幾枚蛤蜊就得花費二萬八千錢，我吃不下！」也就沒有吃。

有一次，仁宗處理事務到深夜，又累又餓，很想吃碗熱羊肉湯，但挨著餓沒有說出來。第二天，皇后知道了，勸他吩咐御廚做不就行了。仁宗對皇后說：「宮中一時隨便索取，會讓外邊看成慣例，我昨夜如果吃了，御廚就會夜夜宰殺，一年下來要宰殺數百隻！爲了我吃一碗飯，創此惡例，且又傷生害物，於心不忍，我寧願忍著。」

仁宗皇帝身爲九五至尊，衣食簡樸、寬厚仁慈。有一次，仁宗在散步，時不時地回頭看，隨從們都很納悶。仁宗回宮後，著急地對嬪妃說：「朕渴壞了，快倒水來。」嬪妃問仁宗：「爲什麼在外面的時候不讓隨從伺候飲水，卻忍著呢？」仁宗說：「朕屢屢回頭，但沒有看見他們準備水壺，如果我問了，肯定有人受罰，所以就忍著口渴回來再喝水了。」

有一次宋仁宗梳頭，太監見他懷裏有一份奏摺，好奇地問：「是什麼奏摺？」仁宗說是諫官建議減少宮中侍人。太監問：「那陛下準備採納嗎？」仁宗說：「當然。」太監自恃寵信，就不滿地說：「那就先削減我吧。」仁宗聽了，就將宮人二十九人和梳頭太監削減出宮。事後皇后問他原因，仁宗說：「他勸我拒絕諫官的忠言，我怎能將這種人留在身邊！」

諫官王素勸諫仁宗不要親近女色，仁宗回答說：「這幾天王德用進獻的美女我很中意，你就讓我留下她吧。」王素說：「臣是怕陛下爲女色所惑啊。」仁宗聽了，雖面有難色，但還是命令太監將送來的女子送出宮。講完命令，仁宗淚水漣漣。王素說：「那停幾天也行。」趙禎說：「朕很重感情。怕將她們留久了，不忍心。」

仁宗中年時，很寵愛張貴妃。張貴妃想讓自己伯父張堯佐晉封宣徽南院使（一個虛職），有一天，仁宗上朝時，張貴妃囑咐他：「別忘了宣徽使啊！」仁宗說放心吧。結果在殿上，包拯大力反對，長篇大論，口水沫子都濺到了仁宗臉上，仁宗沒了辦法。回去後，張貴妃說這事，仁宗不耐煩地說：「別說了，包拯唾沫星子都濺朕的臉上了，你不知道他是諫官？」

宋仁宗的善於納諫，成全了千古流芳的包拯。

果然夠驚悚——夏竦

夏竦曾兩度擔任樞密使（國防部長），並著有《文莊集》，也算是一個文武兼備的「帝管幹部」。他死後，仁宗打算給他一個謚號「文正」，不料負責官員考核的劉原父說：「給謚號是我們主管部門的事，我們很負責，你不能侵犯我們的權利。再說，夏竦也不夠格。」司馬光也上書說「文正」的稱號太高。於是，趙禎收回成命，同意謚號「文莊」。

丁謂是夏竦的上司，但夏竦不在乎。有一天，丁謂請官僚們吃飯，席間有雜技表演給大家解悶。丁謂對夏竦說：「以前沒有歌詠雜技的詩，你整一篇來給大夥瞧瞧。」夏竦就吟詩道：「舞拂挑珠復吐丸，遮藏巧使百千般。主公端坐無由見，卻被旁人冷眼看。」丁謂一聽，知道夏竦是在諷刺他，氣得臉都白了。

夏竦在黃州時，龐籍是他的老下屬。有一天，龐籍生病在床，自以爲這病好不了了，請夏竦給他辦理後事。夏竦親自來看望他，對他說：「你不會死，以後還會做窮宰相，而且還長壽，放心吧。」龐籍說：「我做了宰相，還會窮嗎？」夏竦說：「在宰相這一等級中，你是算窮的。」龐籍後來果然做了宰相，他退休後寫道：「田國貧宰相，圖史富書生。」

夏竦生活很腐敗，據說他出門乘坐的都是「加長版」馬車，就是把兩輛馬車連起來，圍上錦帳，搞成一長溜，拉風地走街串市。有一次，他不解地問門人：「爲什麼寇準的豪華跟我差不多，但大家罵我不罵他？」門人回答說：「寇準大人在郊外喝特供酒，見了窮書生都喊過去一塊喝，而大人您連朝中的大臣都不理，何況是窮書生呢？」

夏竦很博學，因爲詞寫得好，獲得了真宗和仁宗的賞識，不過除了這一點外，他就沒什麼本事了。他曾經做過陝西經略安撫招討使，負責對西夏作戰，一敗塗地，原因是他只會忽悠人，經常把人賣了再讓人家給他數錢，因此很多人都看不慣他。但仁宗對他很好，因爲他在仁宗面前總是表現得跟一個絕世君子一樣。

夏竦少年時就很有才華，家長爲了讓十一歲的夏竦進一步深造，領著夏竦拜了進士姚鉉爲老師。一天姚鉉給夏竦出了一道寫作練習，題目爲「水」、體裁爲「賦」，限定字數爲一萬，夏竦最開始只寫了三千，姚鉉把習作往夏竦手中一塞說：「不用看了，你爲什麼不圍繞『水』的前後左右去寫呢？」夏竦重新改寫，姚鉉才說道：「可教矣。」

夏竦的老爹夏承皓是個烈士，朝廷撫恤夏承皓家屬，賞夏竦一個名爲「三班差使」的小武官。一天，夏竦拿著創作的詩集，等候在宰相李沆退朝回家的路上，見到李沆的乘騎便攔住，躬身拜下，將詩集恭恭敬敬地獻給李沆。李沆讀到詩中的「山勢蜂腰斷，溪流燕尾分」很讚賞，繼續看下去，發現全卷都是好詩句。於是第二天宰相李沆上朝，舉薦了夏竦。

夏竦是一代名臣，但是爲人貪婪陰險，陷害名臣歐陽修、富弼，搜刮大量錢財、畜養很多樂伎，人們都看不起他，都以他爲恥辱。夏竦在西夏對付元昊時，貼了一張懸賞令：「有得元昊腦袋者，賞錢五百萬貫。」不久後，就有人撿到了元昊的懸賞

令，上面寫著：「有得到夏竦腦袋的，賞錢兩貫。」

夏竦很虛偽，以至於仁宗得知夏竦的死訊後，居然有點不太相信。於是仁宗親自帶著太監到夏竦府上，祭奠過後，讓太監把屍布掀開，仔細看了一會兒後，才起駕回宮。剖棺驗屍和掀開面幕，都是人主懷疑大臣的表現，仁宗可能是平時被夏竦忽悠慣了，所以想搞清楚這次是不是真的。死諸葛嚇跑活司馬，夏竦死了還把仁宗忽悠了一回。

嘉佑年間，蘇轍參加進士考試，在高考試卷裏抨擊朝政：「我在路上聽人說，在宮中，美女數以千計，終日裏歌舞飲酒，紙醉金迷。皇上既不關心老百姓的疾苦，也不跟大臣們商量治國安邦的大計。」這還得了！於是考官們紛紛認爲蘇轍無中生有、惡意誹謗，趙禎卻說：「科舉考試就是要歡迎敢言之士。芝麻官蘇轍敢於如此直言，應該特與功名。」

趙禎尙德緩刑，對案件儘量都從輕發落，對「煽動造反」的，也能區別對待，分清是真要造反，還是發牢騷。當時，四川有個讀書人獻詩給成都太守，主張「把斷劍門燒棧閣，成都別是一乾坤」。這簡直就是明目張膽地煽動造反，所以讀書人立即被太守縛送京城。按照歷朝憲法，讀書人即使不按「謀大逆」嚴懲，起碼也得按「危害國家安全」治罪，趙禎卻說：「這是老秀才急於要做官，寫一首詩洩洩憤，怎能治罪呢？不如給他個官。」就授其爲司戶參軍。

宋仁宗是一個性情中人。皇佑六年（一〇五四年）正月初八，三十一歲的張貴妃暴病身亡。仁宗哭得要死要活：「當年顏秀等人發動宮廷叛亂，是貴妃你捨身保護我啊！天下大旱時，又是貴妃你在宮裏刺臂出血，書寫祈雨的禱辭啊……」於是痛哭流涕的宋仁宗下令「禁樂一月」，並不顧正宮曹皇后還活著，就逾禮追冊張氏爲皇后，導致自己有一生一死兩個皇后。

宋仁宗的兒子都夭折了，就過繼了一個養子。一次已經七十歲的老臣包拯就皇帝遲遲不立太子問題，敦促仁宗，仁宗聽了有點不開心，包拯看出皇帝心思，就解釋說：「老臣已經七十歲，沒有兒子，沒有任何私心的。」宋仁宗釋然地笑了。宋仁宗五十四歲駕崩，他的養子三十一歲才被迫做了皇帝。這養子不想做皇帝，但被壓著穿上了黃袍，他即是宋英宗。

宋仁宗駕崩時，「京師罷市巷哭，數日不絕，雖乞丐與小兒，皆焚紙錢哭於大內之前」。當他的死訊傳到洛陽時，市民們自動停市哀悼，焚燒紙錢的煙霧籠罩著洛陽城的上空，以致「天日無光」。仁宗的死甚至影響到了偏遠的山區，當時有一位官員前往四川出差，路經劍閣，看見山溝裏的婦女們也頭戴紙糊的孝帽，哀悼這位賢明的皇帝。

嘉祐四年（西元一〇五九年），時距趙禎駕崩還有四年，以宰相富弼為首的群臣連續五次上表，請求給他加尊號為「大仁至治」，趙禎都沒有批准。但他死後，再也阻止不了群臣給他加上「仁」的尊號了。翰林學士王珪等群臣給他寫諡曰：「至德汪洋，澤萬世而不有其功者」，「皆尊尊之大義也」，「先帝尊謚，宜天錫之曰神文聖武明孝皇帝，廟曰仁宗」。

仁宗時，有個小和尚曾經到大內道場去做法事。仁宗皇帝駕臨，並且對左右說：「每位僧人賜紫羅一疋。」和尚們謝恩，仁宗皇帝說，「你們明天出東華門的時候，記得把紫羅揣在懷中，不要讓別人看到，否則諫官又要批評朕了。」這位和尚還回憶二十出頭的仁宗到南郊燒香回宮時，坐在金輦之內，朝陽初升，晨霧輕籠於他面上，「有如天人」。

有一年夏天，天氣炎熱，久旱不雨。王素進諫仁宗親自祈雨。仁宗說：「太史說下月初二就會下雨，所以朕打算初一去。」沒想到王素不贊成他的投機倒把，說：「事天不誠，怎麼打動上天？」仁宗說：「那我明天就去醴泉觀禱雨。」沒想到，王素還不滿意：「醴泉觀？那裏近的和外朝一樣。陛應該不怕熱遠出。」於是仁宗降詔去西太乙宮祈雨。

宋仁宗很「仁」，也很「威」。他沒有忘記戰爭，養兵百萬，不怒自「威」，以致「邊將無功更不能」，沒什麼大仗可打。金兵佔領中原後，曾大肆盜掘宋陵，但懾於宋仁宗的威名，獨獨沒有對昭陵下手，「唯昭陵如故」。「仁政」一直是傳統政治的最高理想，宋仁宗之前，沒有一個帝王能以「仁」或冠以「仁」。

嘉佑八年（一〇六三年）十月，仁宗趙禎葬於永昭陵（今鞏義市區），修陵調集士兵四萬六千七百人，工期七個月，耗銀五十萬兩，錢一百五十萬貫，綢絹二百五十萬匹，占北宋國庫年收入的一半。昭陵規模龐大，建築雄偉，整個陵園遵從封建的風水地形堪輿學說，依地勢而就，傍山依水，東南穹窿，西北低垂，由「皇帝陵」、「皇后陵」和「下宮」組成。

宋仁宗一輩子最想做的事情就是變法，可惜做了長期準備工作的「慶曆變法」很快就失敗了。他並沒有灰心，突破人事制度，力排眾議，破格任用士兵出身的大將狄青爲統帥，平定了儂智高之亂。在狄青受到排擠去職之後，他又支持包拯在開封府秉公執法，反對權貴橫行。去世前，他又重用王安石，任爲知制誥，醞釀變法，奮鬥了一生。

宋朝開國祖師宋太祖趙匡胤主張不興文字獄，對讀書人寬容。仁宗趙禎即位後，把這個傳統弘揚到了極限。趙禎喜歡學習，崇拜孔孟等人的經典學說。他首次把《論語》、《孟子》、《大學》、《中庸》合在一塊，組成一門課程讓學生學習，開創了「四書」的先河。從此，宋帝國進入了一個重文輕武的時代。

Q 夠特殊的晏殊

晏殊很厲害，五歲就能寫詩，大家都叫他「神童」。景德二年，十四歲的晏殊與來自全國各地的千名考生同時入殿參加考試，晏殊不僅不怯場，還如砍瓜切菜一般完成試卷，受到真宗的嘉賞，賜同進士出身。第三天復試「賦」時，晏殊看題後奏道：「臣十天前已做過這樣的題目，有草稿在，請另選試題。」皇帝非常喜歡他的老實誠實。

有一天，給太子選講官時，皇帝忽然欽點晏殊上任。執政大臣不知爲什麼皇上選中晏殊，皇上說：「最近聽說其他大臣們整天就知道喝酒旅遊，只有人家晏殊閉門讀書，這麼忠厚的人，多合適！」晏殊上任後，有了面聖的機會。晏殊對皇帝說：「我不是不喜歡宴遊玩樂，只是家裏貧窮沒有錢出去玩。臣如果有錢，也會去。」皇上更加欣賞他。

晏殊是北宋文壇上地位很高的文人。詞在宋初，風氣未開，作者尚少，詞壇還很寂寞。自晏殊崛起，喜作小詞，流風所及，影響甚大。當時重要詞人如歐陽修、晏幾道都深受其影響。晏殊的詞上繼南唐、「花間」遺緒，下開北宋婉約詞風，在詞的發展史上，有繼往開來之功，對宋代詞壇貢獻尤大，所以曾被人們稱爲北宋初期詞家的「開山祖」。

先天下之憂而憂——范仲淹

范仲淹應該叫范大膽。范仲淹初到京城做秘閣校理時，就大膽上書給垂簾聽政的劉太后，說皇上是九五之尊，不應該和百官一起給她祝壽，應該派宰相做代表。當時的大臣們也都知道不妥，可是膽子不夠大不敢說。同年，范仲淹又上書說，劉太后，你該把權力還給仁宗了，太后沒理他。范仲淹生氣了，要求離開黑暗的京城，做一個地方官。

范仲淹雖然身世不幸，卻胸懷大志。他兩歲時就死了爹，老媽也改嫁了，可謂是倍受打擊。少年時的范仲淹曾經在一座神廟裏詢問神靈：「我將來能當宰相嗎？」神說不能。范仲淹又說：「不能做宰相，那做一個良醫如何？」這個記載雖然可信度不高，但是說明了他很有濟世救人的意識。

范仲淹是刻苦讀書的典範。范仲淹小時候，他老媽改嫁給一個姓朱的人家，朱家是長山的富戶，但范仲淹爲了勵志，常去附近長白山上的醴泉寺寄宿讀書。那時，他的生活很艱苦，每天只煮一碗稠粥，涼了以後劃成四塊，早晚各取兩塊，拌幾根醃菜，調拌點醋汁，吃完繼續讀書。他對於「劃粥割齏」的清苦生活毫不介意，用全部精力在書中尋找著自己的樂趣。

范仲淹很會苦中作樂。大中祥符四年（一〇一一年），二十三歲的范仲淹來到全國四大重點之一的應天書院。范仲淹的一個同學、南京留守（南京的最高長官）的兒子看他常年吃粥，便送些美食給他。他竟一口不嘗，任佳餚發黴。直到人家怪罪起來，他才長揖致謝說：「我已安於劃粥割齏的生活，擔心一享受美餐，日後就咽不下粥和鹹菜了。」

范仲淹讀書時，很有作息規律。他凌晨舞一通劍鍛煉身體，苦讀回家後，半夜穿著衣服就睡覺。別人看花賞月，他只在六經中尋樂。有時心血來潮他也吼兩句詩。後來，范仲淹對儒家經典——像《詩經》、《尚書》、《易經》、《禮記》、《春秋》等這些書都熟到了骨子裏，「已然堪稱大通」，吟詩寫作，也「慨然以天下爲己任」。

大中祥符七年（一〇一四年），迷信道教的宋真宗率領百官到亳州朝拜太清宮。浩浩蕩蕩的車馬路過南京（河南省商丘市），整個城市轟動了，都去看皇帝，只有范仲淹閉門不出，埋頭讀書。同學來喊他：「快去看，千載難逢啊，千萬不要錯過！」范仲淹只隨口說了句「將來再見也不晚」，繼續讀他的書。果然，第二年他就得中進士。

范仲淹中進士時，已經二十七歲，是奔三的人了。大中祥符八年（一〇一五年）春，他通過科舉考試，中榜成爲進士，第一次看見年近五旬的真宗皇帝，後來還榮赴了御賜的宴席。二月的汴京春花滿目，進士們騎著駿馬，在鼓樂聲中遊街，他想到自己的年紀，比起旁邊的滕宗諒等人，顯得大了許多，就吟道：「長白一寒儒，名登二紀餘」。

天聖二年（一〇二四年）秋，興化縣令范仲淹開始治堰工程，但不久遇上了一場大海潮，死傷了一百多民工。有人說這是天意，主張徹底停工，而范仲淹很堅持。大風捲著浪濤沖到他腿上，官兵們都嚇得直喊娘，范仲淹卻很淡定，他身旁的同年好友滕宗諒，也正淡定地評論著一段屹立的堤堰。大家發現他兩人泰然自若，情緒也安穩下來。

江蘇省興化有范公祠，當年朝廷調范仲淹作興化縣令，全面負責治堰。經過范仲淹等人的不懈堅持，綿延數百里的結實長堤，便橫亙在黃海灘頭。鹽場和農田的生產，從此有了保障。往年受災流亡的數千民戶，也扶老攜幼，返回家園。人們感激老范的功績，把海堰叫作「范公堤」。興化縣不少災民，竟跟著他姓了范。

范仲淹其實是個好老師。仁宗天聖四年（一〇二六年），范仲淹在南京（河南商丘）給母親服喪時，主持應天府學的教務。爲了便於工作，范仲淹搬到學校去住。他制定了一套作息時刻表，按時訓導諸生讀書，夜裏還經常到宿舍檢查和責罰那些偷閒嗜睡的人。他給學生命題作賦，會先自己作一篇，以掌握試題難度和著筆重點，使諸生迅速提高寫作水準。

范仲淹在應天書院工作時，來訪的人很多。一次，有位遊學的孫秀才前來拜謁，范仲淹送了他一千文錢。過了一年，孫秀才又來了，范仲淹一邊給錢，一邊問他爲何不靜心讀書。孫秀才悲傷地說：「家有老母，難以贍養；每天有一百文的固定收入，也夠用啊！」范仲淹給他找了份工作，月薪三千文。孫秀才很感動，從此跟著范仲淹攻讀《春秋》。

十年之後，朝野上下傳誦有位德高望重的學者，在泰山廣聚生徒，教授《春秋》，姓孫名復。就連山東著名的徂徠先生石介，也求教於他。這位學者，便是當年那位孫秀才。范仲淹感慨地說：「貧困實在是一種可怕的災難。倘若孫復一直乞討到老，這傑出的人才豈不湮沒沉淪。」

天聖六年（一〇二八年），范仲淹經過晏殊的推薦，做秘閣校理時，牛性子大發，大膽上書批判太后行爲不遵禮法。晏殊大爲恐慌，責備他：「你不怕連累我嗎？」范仲淹素來敬重晏殊，這次卻寸步不讓，沉臉頂嘴：「我正爲受了您的薦舉，才常怕不能盡職，讓您替我難堪，不料今天因正直的議論而獲罪於您。」一席話說得晏殊臉紅脖子粗。

范仲淹榮升秘閣校理時，負責皇家圖書典籍的校勘和整理。秘閣校理之職，實際上屬於皇上的文學侍從。秘閣設在京師宮城的崇文殿中，在此，不但可以經常見到皇帝，而且能夠耳聞不少朝廷機密。對一般宋代官僚來說，在秘閣任職是條難得的騰達捷徑。可是范仲淹偏不，他瞭解到了朝廷的某些內幕，就大膽介入險惡的政治鬥爭中，不料被貶官。

明道二年（一〇三三年）京東和江淮一帶鬧大旱、蝗災時，范仲淹爲了安定民心，奏請仁宗馬上派人前去展開救災工作。誰知仁宗不理睬他，他便質問仁宗：「如果宮廷之中半日停食，陛下該當如何？」仁宗驚然慚悟，就讓范仲淹前去賑災。他歸來時，還帶回幾把災民充饑的野草，送給了仁宗和後苑宮眷「試吃」。

范仲淹多次大膽上書批判劉太后朝政，朝廷對此降下詔令，貶范仲淹寓京，調趕河中府（山西省西南永濟縣一帶）任副長官——通判。秘閣的僚友送他到城外，舉酒餞別說：「范君此行，極爲光耀呵！」三年後，劉太后死去，仁宗把范仲淹召回京師，派做專門評議朝事的言官——右司諫。有了言官的身分，范仲淹上書言事更無所畏懼了。

宋仁宗廢掉郭太后時，范仲淹與御史台官孔道輔等人正直諫言，不料第二天仁宗降詔貶他到江外去做知州，並催他即刻離京。孔道輔等人也或貶或罰無一倖免。城郊送別的人不很多，但仍有人舉酒讚許說：「范君此行，愈爲光耀！」有人笑他好似不幸的屈原，他卻認爲自己更像孟軻：「分符江外去，人笑似騷人」，「軻意正迂闊，悠然輕萬鍾」！

宋仁宗多次催促范仲淹拿出一個民族復興的方案，范仲淹琢磨了很久，才拿出一份《答手詔條陳十事》。雖然范仲淹絞盡腦汁湊夠了十件事，圖了個吉利，但他講的其實只有一件事：整頓吏治。於是范仲淹派了一批高級官員（按察使）奔赴各地，考察官員情況，自己坐鎮中央決定任免。

范仲淹看到宰相呂夷簡廣開後門，濫用私人，就繪製了一張「百官圖」呈給仁宗。他指著圖中開列的眾官調升情況，批評呂夷簡。呂夷簡不甘示弱，反譏范仲淹迂腐。范仲淹便連上四章，論斥呂夷簡狡詐。對此，呂夷簡誣衊范仲淹勾結朋黨，離間君臣。范、呂之爭的是非曲直，不少人都看得分明，偏偏呂夷簡老謀深算，善於利用君主之勢而最終取勝。

西夏和宋軍在好水川展開激戰時，范仲淹寫了一封信給元昊，讓他投降大宋。元昊一邊進兵，一邊擔心范仲淹和韓琦聯合進軍，就敷衍范仲淹。當元昊取得好水川勝利後，就寫信說，老范你被我耍了。因爲這樣的信如果被朝廷知道，元昊就會被冠以賣國賊，所以范仲淹把信撕了，給朝廷的解釋是這封信是在辱罵皇帝。

元昊在兒童時代時，就對老爹的睦宋政策，特別是同宋朝的經濟貿易，不能理解。有一次，李德明派使臣到宋朝用馬匹換取物品，因爲得到的東西不合他的心意，一氣之下把使臣開了「瓢」。元昊對老爹的這種舉動十分不滿，便說：「我們戎人本來就是從事鞍馬，用東西換東西不是個辦法，現在又殺了人，這以後誰還給咱辦事啊？」他爹很驚訝。

宋朝邊將，對元昊的外貌、器度、見識有種種不同的「傳說」。邊帥曹瑋駐守陝西沿邊時，想一睹元昊的風采，就派人四處打探他的行蹤。聽說元昊常到沿邊榷市逛遊，就在那提前等著，等了好幾次連根毛也沒見。後來他派人暗中偷畫了元昊的樣子，曹瑋見了元昊的「相片」不禁驚嘆說：「真英物也！」並且預見他後日必定會成爲宋朝的邊患。

宋仁宗賜李元昊姓趙，可是李元昊不姓趙，他便改回了李姓。他的文治武功卓有成效，但也有不足之處。他在位十六年，對誰都猜忌，稍有不滿就罷免或殺頭，到了晚年又好大喜功，一天到晚玩女人。他給兒子娶媳婦，看到媳婦好看就自己要了，給未來的皇位繼承人戴了綠帽子，太子憋了一肚子火，就把自己老爸砍了。

西夏崛起，老是鼓搗大宋邊疆的時候，仁宗派范仲淹去鎮守延州。剛到不久，西夏便不敢惹事了，因爲有傳聞說范仲淹「胸中有數萬甲兵」。范仲淹剛到延州時，執法很嚴格。有一次，他偶然遇到四個士兵鬧事，竟然在審訊之後，將四個人押到軍前，執行了失傳多年的腰斬。這樣的狠角色，不僅大宋士兵怕，西夏士兵也怕。

軍官王倫叛亂，攻擊大宋的城池。守衛城池的軍官晁仲約無奈大開城門，放王倫進城，給錢給糧給女人，恭恭敬敬地把王倫送走了。消息傳到開封，仁宗把范仲淹和富弼找來，召開「處置政治犯晁仲約」大會，討論如何處理。富弼要求嚴懲，范仲淹卻堅持寬恕。散會後，富弼指責范仲淹，范仲淹說：「皇帝正值壯年，不能教他殺人，萬一手順了怎辦？」

仁宗二十七歲時，尚無子嗣。據說范仲淹曾關心過仁宗的繼承人問題，或許是談論過立什麼皇太弟侄之類的事。這雖出於對宋廷的忠心，卻不免有損仁宗的自尊，加以呂夷簡的煽風點火，范仲淹被貶爲饒州知州，後來又幾乎貶死於嶺南。余靖、尹洙、歐陽修等人，因爲替范仲淹鳴不平，也紛紛被流放邊遠僻地。從此，朝中正臣奪氣，直士咋舌。

范仲淹由睦州移至蘇州，因爲治水有功，又被調回京師，並獲得天章閣待制的榮銜，做了開封知府。以前和他一起被貶官的孔道輔等人，也被朝廷重新分配了工作。范仲淹新官上任三把火，在京城大力整頓官僚機構，剔除弊政。僅僅幾個月，治安混亂，號稱繁劇的開封府就「肅然稱治」。

范仲淹寫成的《條陳十事》，得到了宋仁宗的批准，頒佈全國，史稱「慶曆新政」。新政實施的短短幾個月間，政治局面已煥然一新：官僚機構開始精簡；以往憑家勢做官的子弟，受到重重限制；對昔日單憑資歷晉升的官僚，增加了業績品德等考核，有特殊才幹的人員，得到破格提拔；科舉中，突出了實用議論文的考核；全國普遍辦起了學校。

范仲淹主張改變中央機關多元領導和虛職分權的體制，擴大宰臣的實權，提高行政效率。他派出許多按察使，分赴各地調查不稱職的官員。按察的彙報一到，賊官姓名就從班簿上勾掉。富弼看他一手舉簿、一手執筆，儼若無情的閻羅判官，勸他：「你這大筆一勾，可就有一家人要哭！」范仲淹回答說：「一家人哭，總該比幾個州縣的人哭好些！」

皇佑元年（一〇四九年），范仲淹被大宋朝廷調往杭州做知州。他出資購買了良田千畝，讓其弟找善於管理、理財的賢人經營，所得的收入他自己分文不取，而是成立公基金，對范氏遠祖的後代子孫義贈口糧，提供生活補助，資助婚喪嫁娶（有工資俸祿的官員除外）。這種善舉感動天下，全國范姓人民把范仲淹當成聖賢敬仰他。

范仲淹擔任邠州地方官時，有一次和同僚登上高樓設宴飲酒，結果還沒喝就看到有幾個披麻戴孝的人在製造下葬的器具。范仲淹並沒有生氣，而是急忙派人去詢問情況。原來有一個客居在邠州的讀書人死了，準備埋葬在近郊，但是埋葬費都還沒有著落。范仲淹聽後，立即撤去酒席，資助他們辦完喪事。參加宴會的客人中有人爲此感動得流下了眼淚。

范仲淹曾給別人寫墓誌銘，寫好後交給尹師魯過目。尹師魯看後說：「你的文章現在影響很大，後代人將會引用你的文章作根據，所以下筆得謹慎。現在你圖清雅把轉運史寫成部刺史，把知州寫成太守等漢代官名，後人會產生疑惑，引起人們的爭論不休。」范仲淹用手按著小桌子說：「幸虧請你過目，不然，我差一點就有過失了。」

范仲淹六十四歲時，到穎州（安徽阜陽）任職。途經他的生身之地徐州時，病情加重，只好停下來就地養病。范仲淹臥在床上給朝廷寫了一封信，說「我病重了，讓我暫時在徐州調養一段時間。」皇帝知道後，特別降旨，派御醫帶著好藥，到徐州爲他診病，但是，范仲淹終於積勞成疾，病逝在徐州。

范仲淹做過很多好事，所以死後人們對他很懷念。范仲淹死訊傳開，朝野上下一致哀痛。包括西夏甘、涼等地的各少數民族人民，成百成千地聚眾舉哀，連日齋戒。凡是他從政過的地方，老百姓紛紛爲他建祠畫像，數百族人來到祠堂，像死去自己的親爹一樣痛泣哀悼。范仲淹死後沒有選擇葬在蘇州，而是選擇了河南洛陽伊川。

范純仁是范仲淹的兒子，是個「布衣宰相」。秦中一帶鬧饑荒時，他自行決定打開常平倉放糧賑濟災民。下屬官員請求先上奏朝廷等待批覆，范純仁說：「那時人都餓死了。」有人指責他保全救活的災民數字不符合實際，皇上下詔派使臣來查辦。時值秋季大豐收，百姓晝夜不停地爭著送糧歸，等到使臣到來時，常平倉的糧食已經沒有虧欠了。

范純仁做齊州知州時，齊州的民俗兇暴強悍，偷盜劫掠等刑事案件經常發生。有人認爲范純仁寬以待人的方法行不通，但范純仁卻很堅持。有的監獄關滿了犯人，范純仁便將他們全部叫到官府庭前，給他們進行思想教育，讓他們改正錯誤，重新做人，之後就把他們都釋放了。等到一年後，盜竊案件比往年減少了大半。

范純仁凡是舉薦人才，一定憑天下公眾的議論，所以那些人並不知道自己是純仁所推薦的。有人說：「擔任宰相，怎麼能不多搞點嫡系，羅致天下的人才，使他們知道出自自己的門庭之下呢？」范純仁說：「只要朝廷不遺漏正直的人，便是盡了當官的責任了，爲什麼一定要讓他知道是我所推薦的呢？」

范純仁爲人正派，政治見解與司馬光同屬保守派。他因反對王安石變法遭貶逐，但司馬光復相後，堅持要廢除「青苗法」。對此，范純仁卻不同意。他希望司馬光對有可取之處的主張，儘量採納。可惜司馬光把范純仁的看法當作耳邊風。司馬光是個情緒派，因爲個人的情緒盡廢新法。對此，蘇軾、范純仁等人惆悵地嘆息：「又是一頭倔驢。」

Q 青出於藍——狄青

名將狄青不僅會打仗，還懂得心理戰術。在廣西打仗時，士氣低落，狄青就在下次出兵之前祈求上帝保佑。他拿出一百個制錢，口中念念有詞：「要是得勝，請神靈使錢面全都朝上！」之後在全軍注目之下灑出制錢，結果一百個錢面全部朝上。官兵見神靈保佑，都像打了雞血，「追趕五十里，斬首數千級」大敗敵軍。後來大家才知道，那錢兩面都是錢面！

范仲淹剛到陝西的時候，有人對他說，當地軍官中有個叫狄青的，英勇善戰，有大將的才幹。范仲淹正需要將才，聽了這話，很感興趣，立刻召見狄青，問他讀過什麼書，狄青幼稚園都沒畢業，所以答不上來。范仲淹勸他說：「你現在是個將官了。做將官的如果不能博古通今，只靠個人的勇敢是不夠的。」接著，給狄青開了一張書單。

宋朝為了防止兵士開小差，在兵士的臉上刺上字。狄青當小兵的時候也被刺過字。後來狄青當了大將，臉上還留著黑色的字跡。有一次，宋仁宗覺得他臉上有字不體面，就讓他回去敷藥除掉。狄青說：「陛下不嫌我出身低微，按照戰功把我提到這個地位，我很感激。至於這些黑字，我寧願留著，讓兵士們見了，知道該怎樣上進！」宋仁宗更加器重他。

狄青出身行伍，卻因為臉上刺字被輕視。他因為戰功做到樞密使，所以自己看來，這臉上的標記，是很光榮的，但旁人卻常借此取笑他或罵他。狄青在定州做副總管時，一天赴韓琦的宴會，有個侍宴的妓女名曰白牡丹，向狄青勸酒說「勸斑兒」，譏笑他臉上的黥文。之後白牡丹被打了板子。一個妓女居然敢當面譏笑總管，可見出身兵士如何被人輕視了。

狄青因爲多次立功，被提拔爲掌握全國軍事的樞密使。一個小兵出身的人當上樞密使，這是宋朝歷史上從來沒有過的事。有一個自稱是唐朝名相狄仁傑後代的人，拿了狄仁傑的畫像，送給狄青說：「您不也是狄公的後代嗎？不如認狄公做祖宗吧！」狄青謙虛地笑了笑說：「我本來是個出身低微的人，偶然碰到機會得到高位，怎麼能跟狄公高攀呢？」

當時一般人，不僅瞧不起狄青，時常造謠說狄青有做皇帝的企圖。連推薦狄青做樞密使的歐陽修，也痛恨自己「看走了眼」，要求罷免狄青。於是旁門左道出現了：有人說狄青家的狗頭上長角，有人說狄青家「夜多光怪出屋」，是造反的凶兆，說他有做皇帝的可能，於是狄青成了危險分子，被仁宗貶官，沒死在沙場上，死在了政壇上。

在京城老百姓的眼裏，狄青是一位充滿陽剛之氣的美男子，以至到了宋哲宗時期，皇帝爲大長公主挑選夫婿，選來選去都不滿意，有人問哲宗：「到底想要個什麼樣的？」皇帝老爺言之鑿鑿：「一定要像狄詠那個樣子。」狄詠是狄青的兒子，當時在宮廷裏當衛士，從此以後，帥哥狄詠就被別人稱作「人樣子」。

最早發行鈔票的人

宋仁宗是國家發行紙幣的鼻祖。仁宗天聖元年（一〇二三年），政府設益州交子務，由京朝官一二人擔任監官，主持交子發行，並「置抄紙院，以革僞造之弊」，嚴格監管印製過程。由此我國最早由政府正式發行的紙幣——「官交子」出現了。它比美國（一六九二年）、法國（一七一六年）等西方國家發行的紙幣要早六七百年，因此是世界上發行最早的紙幣。

宋代商品經濟發展較快，商品流通中需要更多的貨幣，而當時銅錢短缺，滿足不了流通中的需要量。是時四川地區通行鐵錢，鐵錢值低量重，使用極爲不便。而一銅錢抵十鐵錢，每千鐵錢的重量，大錢廿五斤，中錢十三斤，買一匹布需鐵錢兩萬，重約五百斤，要用車載。社會的客觀條件需要輕便的貨幣，這便是紙幣最早出現於四川的主要原因。

北宋的張詠是「紙幣之父」，擔任益州州長時發明了世界上最早的紙幣，這種紙幣就是大名鼎鼎的「交子」。爲了紀念這一經濟壯舉，英國英格蘭銀行中央的一個天井裏，種著一棵在英國很罕見的桑樹（桑葉是造「交子」的原料）。在中國搞出「交子」六百年後，英格蘭銀行才開始印製英鎊紙幣，所以要把中國桑樹做爲偶像。

仁宗時代的進士沈括是個博學多才的大科學家，對天文、曆法、物理、數學、醫學、音樂無不精通，他最重要的發明，則是用於航海的指南針。沈括在《夢溪筆談》一書中說：根據他的計算結果，指南針所指的方向是朝南而微微偏東。他把指南針的偏向，叫做磁偏角。英國人到了十七世紀才發現這種現象，比沈括遲了四百多年。

布衣畢昇是印刷工人出身，發明了「陶活字印刷術」。當時文化事業發達，大量的印書需要，促成了這項重大發明。不久，山東農民王禎又發明了「木活字印刷術」，無錫布衣華燧又發明了「銅活字印刷術」。以後，活字印刷術傳入朝鮮、越南，十五世紀傳入歐洲。德國第一次用活字印刷《聖經》是西元一四五六年，比畢昇晚了四百年。

仁宗很重視知識分子，所以那個時代，文學藝術事業很發達。中國古文「唐宋八大家」之中，光是北宋就占了六家，這六家（**蘇軾、蘇洵、蘇轍、歐陽修、曾鞏、王安石**）又都活躍在仁宗時代。在仁宗晚期，富弼、韓琦、文彥博、曾公亮相繼爲相，歐陽修參加政事，包拯爲樞密院副使，司馬光入知諫院，王安石入知制誥，真正稱得上人才鼎盛，君子滿朝。

鐵面無私辨忠奸——包拯

包拯二十八歲時，考中了進士，朝廷任命他爲「大理評事」，法院陪審員，級別很低。包拯只寫過一首五律：「清心爲治本，直道是身謀。秀幹終成棟，精鋼不作鉤。倉充鼠雀喜，草盡狐兔愁。史冊有遺訓，無貽來者羞。」大意是說做人要光明正大，就像秀挺的木材應該做房屋的棟梁，精煉的鋼料決不應去做鐵，我應該做一個無愧史書教誨的清官。

包拯在端州當市長時，端州出產一種名硯，是朝廷欽定的貢品，和湖筆、徽墨、宣紙一道，並稱「文房四寶」中的絕品。包拯的前任，總要在上貢朝廷的端硯數目之外，再多加幾倍，作爲賄賂京官的本錢。包拯上任之後，一改陋習，決不多收一塊。離任時，就連他平時在公堂上用過的端硯，也造冊上交了，百姓送給他一塊，他也扔到了河裏。

包拯長得很黑，民間送他外號「包黑子」。包拯在歷史上知名度很高，以辦案剛直秉公著稱，既不包庇親友，也不畏懼皇戚高官。其實這樣會有很多人罵的，但包拯不怕，他說這樣會有更多的人誇他。有這樣的一個清官坐鎮，京城治安很好。後世百

姓則把他當作清官的形象代言人，稱他爲「包青天」。在民間信仰中，包公死後，還成了陰間的判官之一。

大宋遭遇洪災之後天放晴，仁宗皇帝認定這是吉兆，除了在京城舉行祭祀天地的盛大慶祝外，還下詔大赦天下罪犯，給所有文武百官晉升一級。包拯卻不贊同，他對仁宗說：「你這樣搞有點過火了，犯罪不能忍，至於官員晉升，更要考核他們的政績。隨便升遷，對那些有政績的太不公平了，這樣的話，以後誰還會給你出力幹活？」

張堯佐是宋仁宗寵妃張美人的伯父，沒有什麼才幹，卻憑藉張美人的關係，官運亨通。包拯極力反對，向皇帝諫議說像張堯佐這樣的人，就連小官也沒有資格做，更不用說顯赫的大官了。仁宗不理會，包拯就繼續說，甚至還在朝堂上跟仁宗展開辯論賽，一年後，皇帝終於罷免了張堯佐的官。

三司使張方平利用自己手中的權力，假公濟私。有一次，東京城一個名叫劉保衡的商人，開了一間酒坊，但因經營不善，欠下官府的小麥，折合現錢有一百多萬貫，他一時拿不出。張方平下令劉保衡變賣家產抵償欠債，同時，又趁人之危，用極低的價格買下了劉保衡的家產。包拯得到消息後，正直上書皇帝，參了張方平一本。張方平因此被罷了官。

宋祁道德敗壞，醜聞很多，卻屢屢受到朝廷的重用，最後被「正義大使」包拯參倒。他每頓飯，必不少於三十六味菜，其中有十二味葷菜，十二味素菜和十二味半葷半素的菜。他還養著三十二名侍女，分別爲他搖扇、捶背、敲腳。在他床邊，每夜都有一名丫環通宵守候，照顧他的隨時需要。宋祁十分好色，經常搶奪良家女做小老婆。

包拯出任開封市長時，工作態度很認真。歷來京官難當，一是皇權可以隨便干預地方事務，二是皇親國戚都聚集在這裏，仗勢欺人，不講理。在北宋政權存在的一百多年間，平均每個知府的任期只有半年多。包拯在開封知府的任期內，秉公理政，鐵面無私，雖然得罪了不少皇親國戚，但是因爲他行得正、坐得直，誰也拿他沒辦法。

包拯是宋代的「聞人」，智商很高。一個犯人過堂時，爲了不被木棍打屁股，就花錢走後門買通了一個府吏，那個府吏讓他受刑時大聲喊叫。犯人被帶到包拯面前，果然大聲喊起冤來。那個受了賄賂的府吏說：「這個犯人不知好歹，受過杖脊就可以出去了，還大叫大喊什麼？」包拯看了一眼，立刻看出了破綻，把受賄的府吏打了一頓板子。

包拯做天長縣知縣時，有個盜賊割了別人家耕牛的舌頭，牛主人就到縣政府告狀告狀。包拯說：「你只管回家去，殺了牛賣了牠。」不久又有一個人來到縣衙，狀

告別人私自宰殺耕牛，結果包拯說：「你爲什麼割了別人家耕牛的舌頭，又來告他的狀？」這個盜賊很震驚，也很服氣。

包拯很有外交手腕，他出使契丹時，契丹人故意給他出難題，命令典客對包拯說：「聽說你們國家的雄州城最近開了便門，其實是想引誘我國的叛徒，以便刺探邊疆的情報吧？」面對這種無賴的無賴之語，包拯說：「（你們國家的）涿州城曾經也開過便門，刺探邊疆的情報爲何一定要開便門呢？」那個人沉默著回去了。

包拯在朝廷爲人剛強堅毅，貴戚宦官因此而大爲收斂，把包拯笑比做「黃河水清（比喻千年等一回）」。小孩和婦女也知道他的名聲，叫他「包待制」。京城裏的人因此說：「暗中行賄疏不通關係的人，有閻羅王和包老頭。」包拯打破禁止越級上訪的規矩，打開政府大門，讓上訪的人能夠到跟前陳述是非。

包拯性子很直，辦事六親不認。他跟人交往不搞客套，也不喜歡裝笑討好人，平常沒有私人信件，連朋友、親戚也斷絕往來。他雖然地位高貴，但穿的衣服、用的器物、吃的飲食跟老百姓一樣。他曾經說：「後代子孫當官從政，假若貪贓枉法，不得放回老家，死了不得葬入家族墓地。假若不聽從我的意志，就不是我的子孫。」

浪子詞人——柳永

柳永年輕時不得志就喜歡逛窯子，到了晚年窮得叮噹響，死後都一貧如洗 還是他的粉絲謝玉英、陳師師一班名妓湊錢把他埋了。出殯時，東京滿城名妓都來了，半城縞素，一片哀聲。謝玉英爲他披麻戴重孝，兩月後竟然因痛思柳永而去世。柳永死後沒有親族祭奠，每年清明節，歌妓們就相約給他掃墓，並相沿成習，稱之「吊柳七」或「吊柳會」。

柳永家世代做官，少年時在家鄉勤學苦讀，希望能傳承家業，官至公卿。學成之後，他就到汴京應試，準備大展宏圖。不料，一到燈紅酒綠的京城，骨子裏浪漫風流的年輕才子柳永，就被青樓歌館裏的歌妓吸引，把那政治理想完全拋在了腦後，一天到晚在風月場裏瀟灑，與青樓歌妓打得火熱，還把自己的風流生活寫進詞裏。

柳永到了五十一歲才考中，因爲他年輕時「自負風流才調」，自信「藝足才高」，「多才多藝善詞賦」，沒把考試當回事，以爲考中進士、做個狀元是唾手可得的事。他曾經向別人吹牛說自己考狀元就跟玩一樣，不料事與願違，放榜時名落孫山，於是他寫下了傳誦一時的名作《鶴沖天》，宣稱「忍把浮名，換了淺斟低唱」。

柳永中了科舉，不會想到他作的《鶴沖天》中「忍把浮名，換了淺斟低唱」這一句惹了皇帝，丟了官職。眾所周知，進士是要皇帝御筆批准的，這詞一日傳到了宋仁宗耳朵裏，宋仁宗很生氣，便把柳永的名字從中榜名單中抹去，笑罵：「此人喜歡『淺斟低唱』，還要啥『浮名』？且塡詞去。」落榜後，柳永瀟灑地自稱「奉旨塡詞」。

北宋仁宗時，有位名妓謝玉英，色佳才秀，最愛唱柳永的詞。柳永才高氣傲，惱了仁宗，不得重用，中舉後，只得個餘杭縣宰。前去赴任途經江州，他照例去逛窯子，結識了謝玉英，見其書房有一冊《柳七新詞》，是她用蠅頭小楷抄錄的。臨別時，柳永寫新詞表示自己永不變心，謝玉英則發誓從此閉門謝客以待柳郎。

有人說，「仁宗雖百事不會，卻會做官家（皇帝）」。宋仁宗除了日理萬機外，業餘愛好的確不多，甚至面對女色，他也能把持住，這在古代帝王中是非常少見的。宋仁宗有一個愛好就是，偶爾臨摹一下「蘭亭」。不能說宋仁宗沒有「七情六欲」，只能說人家身爲皇帝，會做皇帝，這是一種難得的人生境界。

「仁政」，一直是傳統政治的最高理想，也只有宋仁宗做到了。宋仁宗之前，沒有一個帝王能以「仁」或冠以「仁」。儘管沒有多少人喜歡當戰爭的犧牲品。仁宗之仁，是受人尊敬語愛戴的。以至於連「盜墓賊」都不忍心盜仁宗的墓。金兵佔領中原後，曾大肆盜掘宋陵，但因爲懾於宋仁宗的威名，他們獨獨沒有對昭陵下手，「唯昭陵如故」。

微歷史大事記

西元一〇一八年，壽春郡王趙受益被賜名趙禎，立為太子。

西元一〇二二年，真宗病死，太子趙禎即位，由劉太后垂簾聽政。

西元一〇二三年，政府設益州交子務，正式發行交子。

西元一〇三三年，劉太后死後，真宗始親政。

西元一〇四一年，西夏入寇，韓琦、范仲淹率軍抵禦。

西元一〇四三年，范仲淹當政，上《十事疏》，慶曆新政變政失敗。

西元一〇四四年，宋、夏議和，宋每年向夏納銀捐；宋冊立李元昊為夏國王。

西元一〇五九年，宰相富弼等群臣五次上表，請求給仁宗加尊號為「大仁至治」。

西元一〇六三年，宋仁宗駕崩於汴梁皇宮，享年五十三歲，在位四十一年。

第五章　悲劇皇帝宋英宗

宋英宗趙曙是個幸運兒，也是個悲劇帝。作爲北宋第一位以宗子身分繼承大統的皇帝，應該說他是相當的幸運。但不幸的是，他體弱多病，繼位之初即大病一場，而不得不由曹太后垂簾輔政，後來他雖然勉強出來親政，但不久就生病死了，在位時間只有短短五年，這在兩宋諸帝中也是鮮見的。

英宗本名叫宗實，四歲時，就被仁宗和皇后接到宮中撫養，後來因仁宗的親生兒子出生，才回到王府。仁宗三子相繼夭折後，由皇后撫養了四年的英宗本應回到宮中，但此時仁宗非常寵愛張貴妃，希望能有個親生兒子，於是收養宗子的事就一拖再拖。後來仁宗晚年多病，一直沒有孩子，在韓琦、司馬光等大臣的反覆勸說下，仁宗才下定決心立英宗爲太子。

英宗的親爸爸濮安懿王趙允讓很孝順，把孝道遺傳給了英宗。有一年夏天，趙允讓的老媽楚國太夫人偶感風寒，儘管酷暑難耐，但爲了老媽的健康，趙允讓堅持陪老媽住在一間沒有窗戶的屋子裏。老媽去世後，趙允讓異常悲痛，出喪時，披麻戴孝步行十幾里地，扶棺至順天門。老爸如此孝順，兒子也不差，之後英宗爲了追封自己老爸，都不顧輿論抨擊。

嘉佑七年八月，英宗被立爲太子，這可嚇壞了英宗，堅辭不就。他的親信周孟陽去問他原因，英宗說：「不敢求榮，但求無禍。」周孟陽開導他：「現在全天下都知道你是太子，要是你不做，別人做了，會搞死你的。」英宗被震住了，一旦他人成了太子，自己不僅永無寧日，連小命都不知道能不能保住！英宗恍然大悟，接受了太子之位。

英宗即位後，前幾天勵精圖治，工作做得挺漂亮。可惜好景不長，在繼位第四天忽然得病，大呼有人要殺他。即位後第八天給仁宗舉行大殮時，英宗病又犯了，在先皇靈柩前呼號狂奔，整得大家不知所措，喪禮中斷。幸虧宰相韓琦急中生智，拉下幃簾，抱住英宗，又找幾個宦官看住他，不讓他亂說亂動，才避免了更尷尬的場面出現。

濮議之爭

英宗軟硬兼施，爲了親爸爸死後的名分，絞盡腦汁，用了各種手段，耗費了十八個月，才最終達到目標。「濮議」並非單純的禮法之爭，司馬光等臣僚堅持濮王只能稱皇伯，是希望英宗能以此收攬天下人心，維護統治集團內部的團結。而韓琦、歐陽修等掌握實權的宰執們考慮的則更現實：知道只有擁戴英宗，才有美好生活。

宋英宗生病時，很容易激動，經常責罵宦官、宮女，對朝中大臣也很不客氣。有一次，宰相韓琦端著一碗藥送到英宗嘴邊，英宗只喝了一小口就推開了，湯藥灑了韓琦一身。這事恰好被太后看見了，忙命人給韓琦換了身衣服。韓琦很謙恭，說這是臣子應該做的，不敢勞煩太后。太后由衷地感嘆道：「相公殊不易。」

英宗和太后關係不融洽，對太后的態度很惡劣。雖然英宗繼位是太后決定的，但太后受讒言的影響，不喜歡這個過繼的兒子，兩個人的關係就不怎麼好。英宗生病時，皇子在近旁端藥服侍，英宗不聞不問，而要是換成是太后，則情形更嚴重，英宗不僅不予理睬，甚至還常常揶揄挖苦曹太后，搞得太后老是下不來台，非常難堪。

英宗同他名義上的老爸仁宗一樣，是一位很想有所作爲的帝王。他是個孝子，

但他近乎偏執地恪守孝道，這使得他即位之初便與養母曹太后矛盾重重。他在親政不久，更是演了一場震驚朝野的追贈親爸爸名分的鬧劇，引發了一場激烈的辯論。這場辯論持續了一年半的時間，好不容易得以平息，英宗也到了彌留之際。

嘉佑六年的一天，仁宗召見韓琦等大臣，諮詢太子人選。韓琦等人誠惶誠恐地回答：「我們做臣子的豈敢討論這樣的大事情，還是聖上您獨自裁斷。」故意回避問題。仁宗只好說出自己的真實想法：之前宮中撫養了兩個宗子，小的有點木訥，年齡大的（英宗）還不錯。韓琦等人確定了仁宗要選英宗做太子，趕緊齊呼聖上英明，君臣定下了太子人選。

英宗親政僅半個月，宰相韓琦等人就向英宗提議，請求有關部門討論英宗親爸爸的名分問題。當時仁宗逝世已有十四個月，英宗爲了減少追封的阻力，就說等過了仁宗大祥再議。治平二年四月九日，韓琦等再次提出這一議題，於是，英宗出詔將議案送至太常禮院，交兩制以上官員討論，由此引發了一場持續十八個月的論戰，這就是北宋史上有名的「濮議」。

英宗引發了「濮議」這一爭論大戰，爲了取得這場論戰的勝利，英宗和韓琦等人搞到了曹太后的簽名認證。曹太后一直與養子英宗不和，這一次竟不顧朝廷禮儀和群臣的反對，尊英宗的親爸爸爲皇考，於是人們猜測，這一關鍵性的詔書乃是曹太后前日酒後誤簽，次日，太后酒醒，方知詔書內容，但後悔已經晚了。白紙黑字，太后是不能抵賴的。

宋英宗跟曹太后關係很不好，曹太后看養子英宗不順眼，宋英宗對乾媽曹太后有意見。英宗有病不能主持政務，群臣就請曹太后垂簾聽政，等英宗身體好轉了，再還回政權。可是由於曹太后跟英宗鬧矛盾，太后遲遲不肯還政。有一次，太后竟然向宰相韓琦問起漢代昌邑王的事，明顯有廢英宗的意思。英宗對韓琦說：「太后代爲少恩。」

古代的皇帝選擇年號，通常都選取含有吉祥寓意的「討個口彩」。西元一〇六四年，新的一年開始了，爲了英宗早日康復，朝中大臣費盡心思，選年號爲「治平」二字。「治」指天下大治，同時也蘊含著希望皇上疾病得治的意思；「平」指天下太平，同時也蘊含了盼望英宗平安的意思。對於這個年號，大家都很滿意。

仁宗暴亡，醫官應當負有責任，主要的兩名醫官被英宗逐出皇宮，其他一些醫官害怕地在英宗面前求情：「先皇起初吃這兩人開的藥還是很有效的，不幸去世，是天命不是我們的錯啊。」英宗正色道：「我聽說這兩個人都是由兩府推薦的？」左右道：「正是。」英宗說：「那就都交給兩府去裁決吧。」眾醫官魂飛魄散，暗暗驚嘆

新皇帝的精明與果斷。

曹太后意圖廢掉英宗時，歐陽修前去給兩宮調解矛盾。他對曹太后說：「當年仁宗寵妃張氏那麼的驕橫，您都能心平氣和地忍受，現在母子之間有啥事不能放下的。先帝有恩於天下，所以四海臣服，擁戴新帝，而現在您一位婦人，加上臣等五六個書生，若非先帝遺願，誰服咱們！」

太后聽完這一番溜鬚拍馬而又不是強硬的肺腑之言，內心被觸動。

英宗跟太后關係不好，韓琦就去當和事佬。韓琦對英宗說：「陛下有今天，那全是太后的功勞啊！恩不可不報，只要態度好點，對大家都好。自古聖明的帝君很多，爲什麼說舜帝是大孝呢？因爲父母慈而子孝，這沒啥，唯有父母不慈而子能盡孝道，這才會被稱道。」英宗聽後大受感動，表示以後一定對太后盡孝，收服人心，樹立良好形象。

英宗任用仁宗時的改革派重臣韓琦、歐陽修、富弼等人，對積弱積貧的國勢，力圖進行一些改革。一次，英宗問歐陽修，近日屢有天災，言事者多稱是因爲朝廷不能進賢任能，不知這是爲何。歐陽修早已有備而來，開始長篇大論：「近年進賢之路的確太窄……」如此這般一番，趁機勸諫，英宗聽罷深有所悟，決定廣泛招攬人才。

宋英宗趙曙爲人做事很低調，與眾不同。他不喜歡說話，平時「慎靜恭默」，靜坐無語。私生活也很檢點，歷史上說他「內無嬪御」。對侍從人等，他從不濫賞橫賜，以致有些跟隨他多年的舊人也「貧不能辦儀物」。英宗的家教也頗嚴格，以前，公主們下嫁，對公婆從不行禮，但他約束自己的女兒們，要恭敬公婆「不得以富貴驕人」。

英宗非常注重改革朝政，仁宋時，著名的政治改革家王安石曾向宋仁宗上「萬言書」建議進行政治改革，引起很大的回響，但仁宋並沒有採納。王安石的抱負不能實現，就辭官回家了。英宗即位不久，即派專使前往金陵，要王安石「趣如赴闕，至於再三」，準備重用。只是英宗身體孱弱，即位時正值三十歲盛年，卻疾病纏身，政治上雖有理想卻難以實現。

英宗採取全面選拔人才的方式，解決了人才過於單一的問題。韓琦、歐陽修等人舉薦了二十人以應館閣之職，英宗令均予召試。韓琦等人認爲選的人太多，英宗道：「我既然要你們舉薦，爲的就是從中選賢，豈能嫌多?」可見英宗勵精圖治、奮發有爲的迫切。他還對以前舊的選任體制進行大膽改革，甚至走得比當時勸說英宗力圖改作的歐陽修等人還要遠、還要快。

英宗還非常重視書籍的編寫和整理。治平元年（一〇六四年），司馬光寫成了一

部《歷年圖》進呈給英宗，英宗對此大加讚賞。兩年後，司馬光依據《史記》，參以他書寫成《通志》八卷，大約即是後來的《資治通鑑》的前八卷。英宗對此予以充分肯定，鼓勵司馬光繼續編寫下去，他還讓司馬光在國家圖書館崇文院辦公，允許其自己選聘助手。

史學巨著《資治通鑑》的編成也有英宗的一份功勞，他批准向司馬光提供皇帝專用的筆墨、繒帛，劃撥專款，供給書局人員水果、糕點，並調宦官進行服務。英宗的批示，極大地改善了司馬光編修史書的條件，使編寫《資治通鑑》的宏偉事業有了堅實的後盾。司馬光爲了報答英宗皇帝的知遇之恩，花費全部精力，用時十九年完成了《資治通鑑》這部巨著。

西元一〇六六年英宗病重時，照規矩召見大臣張方平等商量太子問題。當時英宗喘息著，只見嘴唇動，卻聽不見他說什麼話。張方平連忙將紙筆遞上，英宗費了好大時間，才艱難地寫出字，但扭曲得不成字樣，無法辨識。張方平只得再請重寫，英宗用盡力氣才寫了「大大王」（趙頊在宮中的稱呼）三字，寫完滿頭大汗，昏睡過去。

一〇六七年正月，英宗一命嗚呼，停喪七個月，於同年八月下葬永厚陵。永厚陵區附葬的陵墓，有高皇后陵，位於永厚陵陵台西北不遠處。

女中堯舜

高皇后是趙曙的皇后，她的母親曹氏，是仁宗曹皇后的親姐姐，所以高氏自幼養在宮中，她的姨媽曹皇后非常鍾愛她。與趙曙同歲，趙曙即位後，其被立爲皇后。趙曙有四個兒子，都是高后所生，長子就是神宗趙頊。

英宗的老婆高皇后是一個女強人。神宗即位後，她被尊爲皇太后，哲宗時，她被尊爲太皇太后，曾垂簾聽政於神、哲兩朝。史書上稱讚她「臨政九年，朝廷清明」。其實，她是政治上的保守派，極力反對王安石新法，是反變法派的又一個強有力後臺，被司馬光等人稱頌爲「女中堯舜」。她死於元祐八年，活了六十二歲。

高皇后是個權力欲望很強的女人，她不僅要在朝堂上替孫子宋哲宗趙煦當家，對於哲宗的生理問題也管得很嚴。她爲了避免哲宗玩女人，故意挑選了二十個年老色衰的宮女照顧哲宗的起居，宋哲宗有多慘，我們可想而知。這樣還不算，她還經常讓宋哲宗晚上在自己榻前的閣樓裏睡覺，接受全天候監視。

英宗高皇后的陵墓工程非常浩大，工匠、夫役從全國範圍內調集而來。是時工期緊迫，督工嚴厲，晝夜不停，大小石材都是從數十里之外的萬安山（今少室山之西牛山）等處採來，許多陵上設施和用物都從京城開封採辦。那時是十月，適逢大雪，天寒地凍，饑、寒而死的民工隨處可見。

Q 西賊聞之驚破膽——韓琦

韓琦是個官二代，祖籍河北贊皇縣，出生於泉州，他老爸韓國華是泉州刺史。宋景德年間，時任泉州市長的韓國華與婢女親近生下韓琦。後來韓琦隨老爸韓國華遷到相州，成了安陽（今屬河南）人。韓琦三歲時爸媽去世，由幾個哥哥扶養，「既長，能自立，有大志氣。端重寡言，不好嬉弄。性純一，無邪曲，學問過人」。

韓琦爲了迫使垂簾聽政的太后還政於英宗，搞了許多準備工作。他爲了證明英宗精力充沛，具備了理政的標準，基本可以做到不知疲倦地處理政務，就拿著十件急需辦理的公文請求聖裁，英宗一一作出了正確批覆。韓琦拿著這批覆的公文又去請示太后，不出所料，「太后每事稱善」，很是滿意。這從輿論上給還政製造了壓力。

宰相韓琦曾經爲曹太后還政於英宗，立下了汗馬功勞。有一天，群臣向太后稟事，大家走後，韓琦單獨留下來要辭職。太后先是大吃一驚，隨後就明白了韓琦的意圖，說：「該退的是我啊！」韓琦知道太后不情願，馬上順水推舟，歷數古時那些貪戀權勢的女后，說太后今日應允，甚是偉大，命人撤去帷簾。太后一看形勢所迫，當天傳書還政於英宗。

韓琦曾經打敗仗被元昊侮辱。當時，夏軍在好水川裏邊放了幾個木盒子，宋軍聽見盒子裏有鳥叫聲，不敢輕動。任福到時，讓人打開，一百多隻鴿子立馬盤旋在宋軍上空，有的還不文明地隨地大小便。宋軍還沒緩過神來，就被夏軍包了「餃子」。元昊得勝，很高興，寫詩扔到宋軍陣地諷刺說：「夏竦何曾聳？韓琦未足奇。滿川龍虎輩，猶自說兵機。」

韓琦是宋朝的重臣，很大度。他有一隻很珍貴的玉盞，自己很是寶貝。有一次，韓琦在同負責水運糧食的官員和顯要官員喝酒聯絡感情時，一個小吏不小心碰倒了桌子，將玉盞摔得粉碎，在座的客人覺得這個小吏肯定會被整得很慘，結果韓琦卻不慌不亂，笑著對在座的賓客說：「東西也有它破損的時候，不小心不爲過！」眾人大跌眼鏡。

韓琦晚上工作時，有一個侍從在旁邊舉著蠟燭照明。侍從舉了一會兒睏了，舉蠟燭的手一晃一晃的，一不小心把韓琦的鬍子燒著了，韓琦瀟灑地用手拍滅，繼續工作。很久，他抬頭，看見舉燭的人已經換了，大驚，深怕那個僕人會受到懲罰，急忙大叫：「那人才學會舉燭，趕緊叫回來。」由此可見韓琦是個慈悲的人。

宋英宗是個短命鬼，因此他的一生儘是瞎折騰。儘管英宗有一定的政治才能，可他最後還是因病英年早逝，享年三十六歲，空有一番抱負無從施展。其實，英宗本人對於北宋中興抱有極大期望，相對其子神宗，政治手段也更爲成熟。無奈壽短，從而失掉了可能的中興計畫。

＊微歷史大事記＊

西元一〇三二年二月十六日，英宗生於宣平坊第，後把這天定為「壽聖節」。
西元一〇六二年，趙曙被立為太子，時年三十一歲。
西元一〇六三年，太子趙曙繼位，由曹太后垂簾聽政。
西元一〇六三年十一月，宋英宗為仁宗送殯，卻裝病不出，導致殯儀不成。
西元一〇六四年，司馬光寫成了一部《歷年圖》進呈給英宗。
西元一〇六五年，北宋史上有名的「濮議」引發。
西元一〇六六年，英宗再次病倒，臥床不起。
西元一〇六六年十二月，英宗立趙頊為太子。
西元一〇六七年正月，趙曙一命嗚呼，停喪七個月，於同年八月下葬永厚陵。

第六章 黨爭變法宋神宗

宋神宗趙頊雖然生長在深宮，卻是一個有著遠見卓識的皇帝，歷朝歷代像他這樣的皇帝，沒有幾個。宋神宗喜歡讀書，知識淵博，並且熱愛思考。有時他聽皇家教師講課，聽著聽著就會問出很多刁鑽的問題來。蘇轍曾經說過：「我每回給神宗講課，就會出一身汗。」給這樣有見地、勤於思考的學生上課，真是不容易。

神宗勤奮好學、謙遜低調，人又很孝順，具有英明君主所應有的素質。他老爸英宗原來只是普通的皇室成員，但因爲仁宗沒有子嗣，所以被選爲太子。神宗沾了老爸的光，命運發生改變。神宗是英宗四個兒子中的老大，後來三弟夭折，剩下的三個兄弟中，神宗在學識人品等方面都具有壓倒性的優勢，大臣們一致認爲他是皇位最佳繼承人。

神宗是一個天性好學的皇帝，活到老學到老。少年時，神宗對於汲取書中的營養如饑似渴，經常因爲讀書搞得覺不睡飯不吃，他老爸英宗只好常常吩咐內侍喊他去休息。神宗這種勤學的精神，堅持了一輩子。御聘教授王陶給神宗幾個兄弟講學，神宗領著弟弟趙顥前去拜見王陶，毫無太子的傲慢作風，王陶對其很是欣賞。

英宗駕崩時，韓琦等人守候在病床前，等太子趙頊前來繼位，不料英宗的手忽然動了一下。難道是詐屍？這可把曾公亮嚇壞了，如果英宗沒死，這事怎搞？韓琦很淡定，說大不了英宗醒過來做太上皇。可惜的是奇蹟沒能上演，英宗還是掛了。因爲朝中大臣如此淡定處事，能爲穩定大局著想，太子趙頊才順利登上皇位，成爲宋神宗。

神宗的奶奶曹太后是一個很有見識的女子，但她跟神宗的老爸英宗關係一直不好。有一次，英宗說話得罪了曹太后，曹太后很傷心，哭著跟群臣訴苦，還說都是趙頊（神宗）和趙顥兩兄弟的錯。面對曹太后的無端指責，神宗沒有記恨，而是愈發尊敬曹太后。神宗的孝順最終感動了太后，祖孫兩人冰釋前嫌，相處得十分融洽。

神宗是個孝子，雖不是曹太后的親孫子，但比親孫子還要親。神宗退朝晚了，曹太后會親自在門前等孫子回來，還經常給神宗送去一些他喜歡吃的點心。神宗也十分敬老，不僅在日常生活中很孝順，還會在做出許多重要決策之前，詢問奶奶曹太后的意見。

神宗受到了來自後宮的壓力，因爲親情被束縛了改革的手腳。元豐二年（一〇七九年）十月，曹太后病重，神宗親自照料侍奉，十幾天衣不解帶，做起了稱職的男護士。曹太后去世後，神宗茶飯不思，悲痛欲絕，這種真摯的親情在那個你暗算我，我捅你一刀的宮廷裏十分罕見。所以當神宗要變法時，曹太后和皇后哭訴「算了吧」的時候，神宗動搖了。

元豐四年（一〇八一年），西夏皇室內亂，神宗以爲有機可乘，就出兵去撿便宜。結果宋軍兩次戰敗，損失軍兵、民伕及助戰的羌兵數十萬人。西夏發動三十萬大軍把永樂城圍了起來，不久就打了進去，徐禧等戰死。神宗聽到永樂城陷的戰報，「早朝，對輔臣慟哭」。神宗希望攻夏雪恥，節省「歲賜」白銀七萬兩、絹十五萬匹的計畫徹底破產。

神宗是一位很有理想的政治家，從小就胸懷大志，希望有所作爲。神宗還在潁王府時，就經常跟潁王府裏的先進分子記事參軍、直集賢院韓維一起討論國家大事，希望給衰弱不振的大宋給打一針強心劑。他曾經穿上全副盔甲去見奶奶曹太后，並問道：「奶奶，你看我穿著這副盔甲好嗎？」表達了自己重振國威的決心。

神宗博覽群書，在讀過的諸子百家中，他最崇尚法家，十分敬佩秦朝前輩商鞅進行變法的魄力。神宗即位後，打破傳統，進行變法的決心和信心，在一定程度上來自於對偶像商鞅的崇拜。在近二十年的皇帝生涯中，神宗一直兢兢業業，忙於工作，整日與大臣商討變法的大事，把自己的私生活看成是小事，很少流連後宮。

神宗是宋代歷史上有名的明君，不僅志向遠大，還寬以待人。一次，群臣正在奏事，一隻蟲子在神宗的衣服上亂爬。神宗本不想引起群臣注意，但最後這隻蟲子竟爬到了神宗的頭上。神宗不得已把蟲子打下來，仔細一看，這是隻爬蟲，最要命的是「其蟲善入人耳」。很顯然這是宮人嚴重失職，應受到處罰。但神宗不想因小事而讓宮人受罰，於是馬上說：「此飛蟲也。」由於神宗的「掩護」，宮人免受處罰。

神宗對王安石很器重，於是在朝的老臣就產生了不滿。宰相韓琦執政三朝，資格很老，本該輔佐新帝，有所作爲。他見神宗提拔新人，心裏很不舒服，總不能讓長江後浪給整到沙灘上，於是請辭回相州。神宗問他：「你走了王安石行不？」韓琦說：「安石做個翰林學士還行，做宰相差遠了。」表明了自己反對王安石執政的態度。

神宗以君權的力量，掀起了大宋改革的春風，施行改革開放。但不久就有一批守舊派出來指著新法的脊梁骨說事，他們不僅從新法的內容和效益上提出非難，而且在思想、道德上指責王安石「變祖宗法度」，「以富國強兵之術，啓迪上心，欲求近功，忘其舊學」，「尚法令則稱商鞅，言財利則背孟軻，鄙老成爲因循，棄公論爲流俗」。

當時，有個地方發生地震和山崩，保守派說這是王安石變法不當，老天發怒了。西元一〇七三年，河北地區遭受大旱，災民被迫逃荒。有個保守派官員趁機畫了一幅《流民圖》呈送給神宗說：「陛下您看，這旱災分明是由於王安石變法弄的，只要停止變法，罷免了他，老天一定會降雨消災，救萬民於水火啊！」

拗相公——王安石

神宗變法時有「五大金剛」作爲執政班子。這五位執政大臣合成「生、老、病、死、苦」。王安石是「生」，生機勃勃地要變法；曾公亮是「老」，年近古稀，老掉牙了；富弼是「病」，裝病不變法；唐介是「死」，他反對變法，整天憂心忡忡，變法剛開始就掛了；趙抃是「苦」，他反對變法，但卻無力阻止，整天叫苦不迭。

神宗搞政治改革，讓王安石全權處理變法事宜時，群臣奮起反對，因爲變法觸犯了他們的利益。曹太后和高太后也哭著要求停止新法。神宗動搖了，王安石先後兩次被迫辭職，後來一直沒有出來做官。王安石辭官後，神宗還把大部分新法維持了近十年，直到他死去。

元豐四年（一〇八一年）八月，神宗憑藉幾年來積蓄的軍事力量，對西夏發動了攻勢強大的襲擊。在宋夏交界線上，宋調動了熙河、秦鳳等五路大軍，準備一舉擊破西夏。但由於「五路並進，而無大帥」，步調既不一致，各路又互不協同，加上領兵將官高遵裕、王中正皆爲庸才，宋損失慘重，出兵以失敗告終。

宋軍在與西夏大戰中佔據了蘭州，切斷了西夏同河西走廊的聯繫，不僅爲環攻西夏造就了有利態，還控扼了橫山之險。爲保持這一戰果，神宗下令修築永樂城，搞得「地形險固，三面阻崖，表裏山河，氣象雄壯」，結果守官昏庸無能，城寨被攻佔。噩耗傳來，神宗徹夜失眠，第二天甚至在輔臣面前痛哭。自此，神宗抑鬱過度。

神宗曾經跟富弼討論富國強兵。富弼曾經跟范仲淹一起推行「慶曆新政」，按說這個三朝元老應該返老還童傾力支持，可是富弼卻說：「陛下剛剛即位，應該布德行惠，搞改革那一套幹啥？老臣願意二十年口不言兵……」已經全無當年改革的豪情壯志，這讓滿懷激情的神宗熱臉貼了個冷屁股。

元豐七年（一〇八四年）九月的一天，神宗宴請群臣。由於爲國家社稷擔憂，神宗染上了疾病。有病在身的神宗飲酒時手一直在發抖，以致於杯中的酒都灑在了衣袍上。病痛一直無情地折磨著這位年輕卻很有作爲的皇帝，神宗經常痛哭說：「我頭痛！」「我好孤寒！」這樣的場景讓人不忍心看。

王安石文學造詣很高，與韓愈、柳宗元、蘇軾等人並稱「唐宋八大家」，是歷史著名的文壇大腕。當時文壇領袖歐陽修對王安石讚不絕口：「翰林風月三千首，後來誰與子爭先。」公開發表言論說王安石的文學成就曠古爍今，後人無法超越。可見王安石的文學魅力影響很大，連歐陽修也對他佩服得很，成爲了他的死忠粉絲。

王安石讀書時，去一家麵館吃飯，服務員故意爲難他不給他端麵，讓他自己去後廚端。王安石到廚房一看，那碗麵裏滾燙的麵湯快要溢出碗外了，大師傅笑咪咪地對王安石說：「伢仔，你要是端走，算你白吃！」只見王安石用筷子輕輕地往碗裏一伸，把麵條挑起了起來，碗內只剩下半碗湯了。就這樣，王安石端走了麵，大師傅差點吐血。

相傳王安石的爺爺病重，王安石的老爸想待他百年後葬在一塊風水好、有龍脈的地方，但請來的地仙始終沒有找到。有一天，一個樵夫問地仙：「老人家，你在看什麼？」這時的地仙實在沒辦法，就跟樵夫說了自己的心事。樵夫聽後手一指：「不用看，那棵大樹下就是龍脈。」王安石的老爸按照他說的，在大樹底下挖了一個坑。這個坑奇怪得很，剛剛能放下棺材，坑的周圍都是石頭。安葬了王安石的爺爺後，王安石的老爸就給兒子取名爲王安石。

王安石對爲官的態度與眾不同。絕大多數官員都爭著搶著做京官，他卻不，屢次推卻到首都做官的機會，選擇在地方上埋頭苦幹近二十年。許多人來請他，他也推辭，連歐陽修這樣的朝廷大員的面子，他都不給。嘉佑三年（一〇五八年）十月，王安石多次推辭無效，被騷擾得不耐煩了，同意調到京城，擔任三司度支判官。

王安石是個官場怪人，嘉佑五年（一〇六〇年），王安石因爲政績突出，被大宋中央政府任命爲同修起居注。這可是個好差事，晉升的機會很大，但王安石是頭倔驢，多次推辭，不肯受命。最後朝廷實在沒辦法，就把委任狀送到他家裏，誰知道王安石竟然躲到廁所裏以逃避。在朝廷忍不住要暴走的時候，王安石才被迫接受了這一任命。

王安石曾經在仁宗時上奏了一本《萬言書》，結果仁宗沒注意，不過王安石卻因此受到主張改革的士大夫的廣泛關注，成爲改革代表人物。大家都把變法圖強的希望寄託他的身上，一時間天下公論：「金陵王安石不做執政大臣，是王安石的不幸，也是朝廷的不幸。」朝廷上下議論紛紛，王安石身價倍增，成爲婦孺皆知的名人。

王安石的粉絲很多，神宗未即位之前看過王安石的《言事書》，非常讚賞他。神宗身旁的親信韓維也是王安石的崇拜者，在跟神宗講解史書時，每當神宗稱他講得好時，韓維就說：「這不是我的觀點，而是我朋友王安石的見解。」這樣一來，雖然神宗還沒見過王安石，但王安石在神宗心中的形象已經相當高大了。

王安石性格很拗，外號「拗相公」。他一心治學，顧不上搞形象，經常蓬頭垢面地出現在眾人面前。仁宗時，有一次召集群臣釣魚，王安石對釣魚不感興趣，想著其他事，結果把盤子裏的魚餌都給吃了。仁宗想，這誤吃了一粒魚餌還算正常，但是把整盤魚餌都給消滅了，實在是不合常理，就認爲王安石是個奸詐之人，很不喜歡他。

王安石是個古怪的人，有些與眾不同。那些保守傳統的人，都覺得他是個怪胎，甚至有人看王安石的面相，斷言他「眼中多白」，是奸臣之相。神宗想重用王安石，官員張方平、蘇洵等人堅決反對，但這些沸沸揚揚的議論並沒有動搖神宗的決心，他任命王安石爲翰林學士兼侍講，把王安石搞到了自己身邊，親自考察這個傳說中的奇才。

王安石變法時，該反對的人反對，不該反對他的人也反對，比如他的好朋友呂公弼。呂公弼和其他人不同，他不想把王安石一棍子打死，而是想用和風細雨的方式，讓王安石主動坦誠變法時亡國滅種的罪行。有一次，王安石對呂公弼說：「別人反對我，我很舒服，因爲他們夠直接，可你反對，我就不高興，因爲你不軟不硬，是哥們，就痛快點。」

呂公弼是王安石的鐵哥們，出生於北宋的「望族」，一家都是政要。他爺爺做過法院院長，大爺爺呂蒙正是太祖時的宰相；他老爸呂夷簡，是仁宗時的宰相；兄弟呂公著也是宰相；呂公弼後來也做了宰相。王安石本來和呂公著關係也很好，曾經宣

稱：「呂公著不當宰相，天下不太平。」後來呂公著反對王安石的變法工作，王安石又說呂公著是奸人。

宰相王安石辭過兩次職，不過是被逼的。第一次是變法的壓力實在是太大了，不僅新法被全國上下大肆抨擊，連他本人也遭到了人身攻擊，上個廁所也被說成是「倒行逆施」，無奈他只能辭職。第二次辭職是熙寧九年（一〇七六年）六月，王安石的愛子王雱病逝，王安石遭受了重大打擊，帶著壯志未酬的遺憾離開了政壇，退居金陵，不問世事。

Q 東坡居士——蘇軾

蘇軾是「烏台詩案」的「主犯」，因爲幾句牢騷被批判。元豐二年（一〇七九）三月，蘇東坡調任湖州時，作《湖州謝上表》，例行公事。他在表上寫了幾句牢騷話：「陛下知其愚不適時，難以追陪新進；察其老不生事，或能牧養小民。」結果監察御史摘引「新進」、「生事」等語上奏，給蘇軾扣上「愚弄朝廷，妄自尊大」的帽子。由於宋朝有不殺士大夫的慣例，蘇軾免於一死，但被貶爲黃州團練。

蘇軾是文壇上的大腕，在詩、詞、歌、散文上都有極高的成就，書法和繪畫也獨具一格，堪稱全能選手。他年紀輕輕就考中進士，但仕途一直不順。有一次，他搓著自己的啤酒肚問身邊的人：「知道我這肚裏裝的是啥不？」有人說是文章，有人說是見識。蘇軾頭搖得跟撥浪鼓一樣，又有一個人說是「一肚子的不合時宜」，蘇軾哈哈大笑。

蘇軾少年時讀了一些書，因爲聰慧，常得到師長讚揚，便變得年少輕狂，得意地在自己房前貼了一副對聯：「識遍天下字，讀盡人間書。」後來一個白髮老太婆拿著一本深奧的古書拜訪蘇軾，古書上的字，蘇軾一個也不認識。老嫗借此委婉地批評了蘇軾，於是蘇軾把對聯改爲「發奮識遍天下字，立志讀盡人間書」，用來自我激勵。

御史中丞李定當年因隱瞞父喪而被司馬光稱爲「禽獸不如」，蘇軾也譏他「不孝」。後來李定給蘇軾列舉了「四宗罪」：「蘇軾初無學術，濫得時名，偶中異科，遂叨儒館。」接著說蘇軾急於獲得高位，心中不滿就譏訕權要。皇帝對他寬容已久，希望他改過自新，但是蘇軾拒不從命。

蘇軾因爲文字獄獲罪，奉詔到京師去。當地老百姓都出來送太守啓程，淚如雨下。蘇軾途經揚州江面和太湖時，曾想跳水自殺，他不知道自己要被判什麼罪，他怕自己的案子會牽連朋友。等再一想，真跳了水，又會給弟弟招致麻煩。家裏燒了他大部分與友人的通信和手稿，家人到了安徽宿縣，御史台又派人搜查他們的行李，翻找

證據。

「東坡肉」不是蘇東坡的肉，而是一種肉的烹調方法。蘇軾被貶黃州的時候，有著名的打油詩《豬肉頌》：「黃州好豬肉，價錢等糞土。富者不肯吃，貧者不解煮。慢著火，少著水，火候足時它自美。每日起來打一碗，飽得自家君莫管。」這裏的「慢著火，少著水，火候足時它自美」，就是著名的「東坡肉」的烹調法。

蘇軾曾經因爲涉嫌「抨擊新政」被治罪，連累了親友。駙馬王詵因洩露機密給蘇軾，時常與他交往，且調查時沒有及時交出蘇軾的詩文，被削除一切官爵，發配西北。他弟弟蘇轍也因家庭連帶關係，遭受降職處分。張方平與其他大官都是罰紅銅三十斤，司馬光、范鎮及蘇軾的十八個朋友，都各罰紅銅二十斤。

蘇軾二十歲的時候，到京師去科考。有六個自負的舉人看不起他，決定請蘇軾赴宴，戲弄蘇軾一番。席間有人提議要引用歷史人物和事件才能吃菜。於是那六個人一人喊了一句，把菜全都分完了，正準備邊吃邊嘲笑蘇軾時，蘇軾卻不慌不忙地吟道：「秦始皇併吞六國！」把六盤菜全部端到自己面前，微笑道：「諸位兄台請啊！」六舉人呆若木雞。

蘇軾在京城考試時，主審官是文壇大腕歐陽修。他在審批卷子的時候，被蘇軾華麗絕贊的文風所傾倒。當時爲了防止作弊，卷子都是無名制。歐陽修以爲是自己門生曾鞏的卷子，所以評了第二。一直到放榜的時候，歐陽修才知道文章作者是蘇軾。知道真實情況後，歐陽修後悔不已，但是蘇軾卻一點計較的意思都沒有。

蘇軾也會「退房」。蘇軾在常州時，攢錢買了一套房子，準備擇日入住。一個偶然的機會，蘇軾見到一老婦哭得很傷心，經詢問，瞭解到她有一處房子，相傳百年了，被不孝的子孫賣掉，所以傷心流淚。細問之下，原來蘇軾買的房子，就是老婦所說的祖傳老屋。於是蘇軾對她說：「老太太不用擔心，我把你的房子找回來。」當即燒了房契，決定以後租房子住。

蘇東坡和黃庭堅住在金山寺中。有一天，他們打麵餅吃。二人商量好，這次打餅，不告訴寺中的佛印。餅熟了，兩人算過數目，把餅獻到觀音菩薩座前，下拜禱告一番。不料佛印早就藏在神帳中，趁二人下跪禱告時，伸手偷了兩塊餅。蘇軾拜完之後，起身一看，少了兩塊餅，便又跪下禱告說：「觀音菩薩如此神通，吃了兩塊餅。」佛印差點笑死。

蘇軾不僅是文學大家，在美食上也很有一手。一次，蘇軾雅興大發，親自下廚做魚，剛剛燒好，隔著窗戶就看見黃庭堅進來了。黃庭堅是蘇軾的哥們，兩人經常以鬥嘴爲樂。蘇軾知道其又是來蹭飯，於是慌忙把魚藏到了碗櫥頂部。黃庭堅早就知道了，卻裝著不知道地戲弄蘇軾，結果一向才思敏捷的蘇軾，被黃庭堅整了個十足！

蘇軾婚後不久，應邀去劉貢父家做客，才到那裏，僕人就趕來請他馬上回去，說夫人有急事。劉貢父有心諷刺，吟道：「幸早裏（杏、棗、李），且從容（蓯蓉為一味中藥）。」這句裏含三種果名，一種藥名。蘇軾頭也不回，上馬就走，邊走邊說：「奈這事（柰，蘋果之屬、蔗、柿）須當歸（當歸為中藥名）。」東坡居士的才思實在令人拜服。

蘇軾復官後，曾跟劉貢父亂侃：「我在牢裏時，每天吃的是三白飯，照樣很香甜！」劉貢父問什麼叫三白飯，蘇軾答道：「一撮鹽，一碟生蘿蔔，一碗米飯，這就是『三白』。」後來，劉貢父邀請蘇軾去他家吃皛飯，蘇軾欣然前往。等蘇軾到了地方，發現桌上只有鹽、蘿蔔、米飯，這才恍然大悟，知道自己被劉貢父戲弄了。

後來，蘇軾請劉貢父吃毳飯。劉貢父很好奇，想知道三毛飯到底是什麼，便去了。蘇軾陪著劉貢父從早上聊到晚上，把劉貢父餓得前胸貼後背。劉實在忍不住催問：「毳飯呢？」蘇軾慢吞吞地答：「鹽也毛（Mao，「沒有」的意思），蘿蔔也毛，飯也毛，豈不是『毳』飯？其實你一直在享用著啊。」劉貢父暴汗，而後兩人同時大笑。

蘇軾曾經生死一線。蘇軾入獄後，神宗皇帝爲了試探他有沒有仇恨天子的意思，特意派一個小太監裝成犯人入獄和東坡同睡。白天吃飯時，小太監用言語挑逗他，蘇軾也沒有發牢騷。夜裏，小太監挑撥蘇軾現在的生活條件，蘇軾用鼾聲回答。小太監在第二天一大早推醒他，說道：「恭喜大人，你被赦免了。」那一夜可真是危險至極！

蘇軾入獄後，他大兒子蘇邁一直照顧他，每天給他送飯。因爲兩人不能見面，所以就約好平時只送蔬菜和肉食，如果有死刑判決的壞消息，就改送魚，以便早做心理準備。有一天蘇邁有事，不能給老爸送飯，就托朋友去，但忘了告訴朋友這個約定，結果這個朋友送了魚。蘇軾見魚大驚，以爲自己難逃一死，還寫了兩首絕命詩。

蘇軾被關押在監獄裏時，他弟弟蘇轍曾經上書神宗，希望革去自己的官爵給哥哥贖罪。神宗欣賞蘇軾的才華，並沒有把蘇軾整死的意思，只是想給那些反對變法的人一點提醒。於是蘇軾被放了出來，有了後來的「大江東去，浪淘盡，千古風流人物」等傳世詩詞。

蘇軾雖然信仰佛教，但不喜歡和尚。蘇軾曾說大名鼎鼎的佛印和尚：「你在一般人眼裏看來是有本事，其實是個草包。」佛印微微一笑，讚揚蘇軾：「你是一個很有學問，有修養的人，老納自愧不如！」回到家後，蘇軾洋洋得意地給小妹顯擺，蘇小妹聽後笑得噴飯：「你罵人家，人家還讚揚你，你說誰有修養？沒有學問哪來的修養？」蘇軾羞死。

蘇軾和佛印大師是莫逆之交，但兩人經常鬥嘴。有一天，蘇軾和佛印乘船遊覽西湖，蘇軾有心捉弄佛印，抬頭看見河邊一隻狗叼著根骨頭，便寫道：「狗啃河上（和尚）骨。」佛印將寫有詩句的紙丟入水中，隨即答道：「水漂東坡詩（屍）。」後來，蘇軾去金山寺找佛印，佛印不在，一個小沙彌來開門。蘇軾說：「禿驢何在？」小沙彌淡定地說：「東坡吃草！」

蘇軾的鐵哥們佛印，雖然是個出家人，卻頓頓不避酒肉。一日，佛印煎了魚下酒，正好蘇軾登門來訪。佛印急忙把魚藏在木魚下面。蘇軾早就聞到了魚香，進了門卻看不見魚，故意說：「『向陽門第春常在』的下句是什麼？」佛印得意地說：「積善人家慶有餘。」結果中了蘇軾的圈套：「既然磬（慶）裏有魚（餘），那就積點善，拿來共用吧！」

蘇東坡早年乘船赴考，遇到風浪，誤了開考的時辰。主考大人瞭解情況後，就出了一個聯讓蘇軾對，對得出才能入試：「一葉小舟，載著二三位考生，走了四五六日水路，七顛八倒到九江，十分來遲。」蘇東坡不愧爲一代才子，稍一思索便對出下聯：「十年寒窗，讀了九八卷詩書，趕過七六五個考場，四番三往到二門，一定要進。」

北宋有名的才子秦觀是蘇軾的妹夫。傳說秦觀和蘇東坡的妹妹蘇小妹結婚時，喝得有點多。新婚之夜進洞房，蘇小妹卻把門給關上了，並說「雙手推出門前月」，要秦觀對出下聯才能進入洞房。秦觀暈乎了，進不了門。後來蘇軾藏在假山後，將石子扔到了花池裏，秦觀大悟，對了出來：「一石驚破水中天」。蘇小妹才放秦觀進了洞房。

蘇軾和王安石都是少年得志的人，都被視爲棟梁之才，而且文采都高，但兩人關係卻不好。王安石以「人言不足恤，祖宗不足法，天變不足畏」的勇氣銳意改革，是令人起敬的。無論是起用新人，還是施行新法，都體現了他大刀闊斧的超常風格。而蘇軾並非不主張變革，只是他希望變法不要「太急」了。因此，兩個人「道不同不相爲謀」。

蘇軾和章惇交情不淺，「烏台詩案」後，蘇軾被貶到了黃州。神宗數次想起用他，但是大臣王禹玉阻撓說：「蘇軾的詩裏面有『此心惟有蟄龍知』，放著陛下飛龍在天不敬，卻求什麼蟄龍！這是赤裸裸的反動語句啊！」章惇說：「龍不只是指帝王，也可以指人臣。」幸虧神宗英明，說：「是啊，你看荀氏八龍，孔明臥龍，不見得都是說帝王。」退朝的時候，章惇質問王禹玉說：「你這是想滅了蘇氏一門嗎？」

章惇爲人陰險狡詐，整治政敵毫不手軟，甚至提出掘開司馬光的墳墓，暴骨鞭屍的做法；後來他因與蘇軾政見不合，對蘇軾痛下殺手，把蘇軾貶到偏遠的惠州。蘇軾

在惠州以苦爲樂寫詩道：「爲報詩人春睡足，道人輕打五更鐘。」詩傳到京城，章惇睡不著覺了，就把蘇軾貶到更偏遠的海南。在宋朝，貶到海南是僅次於滿門抄斬的處罰。

Q 因爲一口缸出名的司馬光

司馬光的一生主要幹了兩件事情：編寫《資治通鑑》和反對王安石的新法。司馬光是王安石的政敵，曾經因爲變法和王安石掐了起來，但兩人都是爲國爲民。王安石對司馬光恨得牙癢癢，但也由衷的說：「司馬光是個真君子！」司馬光和王安石在爲變法問題鬥得死去活來之後，司馬光說王安石：「他沒有什麼優點，除了牛脾氣。」

司馬光因爲反對變法，所以在神宗變法時，待在家做了十五年的宅男，百姓都知道他日後可能復出，稱他爲「司馬相公」，而許多賦閒在家的反變法官員也很欽佩他。後來高太后重新起用司馬光，司馬光把憋了十幾年的仇恨都發洩到了廢除新法上，發瘋似的把新法掃除得很徹底。

司馬光曾經和王安石也是很好的朋友，但是因爲變法的事，兩人成了死對頭。司馬光是道德楷模，爲人溫良謙恭、剛正不阿，堪稱儒學教化下的典範，歷來受人景仰，一生享有好名聲。所以即使兩人鬧翻後，王安石仍然表揚這個反對自己的守舊派：「君子人也。」

司馬光一生誠信，應該是受他老爸的影響。司馬光五、六歲時，有一次，要給胡桃去皮，他不會做，姐姐也幫不了他，就先走了。後來一個婢女用開水去掉了核桃皮。姐姐回來後，便問：「誰幫你做的？」他欺騙姐姐是自己做的，老爸便訓斥他：「小子說啥謊！」司馬光從此不敢說謊，長大之後，還把這件事寫到紙上策勵自己，一生誠信。

司馬光有一匹長相很好的馬，只可惜有肺病。司馬光對管家說：「這匹馬有肺病的事一定要告訴給買主。」管家笑了笑說：「不會吧，我們賣馬怎能把人家看不出的毛病說出來！」司馬光卻不認同，對他說：「錢是小，名聲是大。我們做人必須得要誠信。」管家沒聽把馬賣掉了，司馬光知道後，把馬追了回來。

司馬光是因爲一口缸出名的。他小時候和別人玩耍，結果小夥伴掉進了大缸裏，缸大水深，眼看就要滅頂了，別人都手足無措，司馬光卻急中生智，用一塊大石頭砸破了缸放掉水，挽救了一個生命。小小的司馬光遇事沉著冷靜，從小就是一副小大人模樣。「小司馬砸缸勇救落水孩童」的英雄事蹟，讓司馬光一夜成名。

司馬光性情淡泊喜歡低調。他在《訓儉示康》中曾提到，小時候長輩會給他穿華

美的衣服，他總是害羞臉紅而把它脫下。寶元年間中舉時，司馬光曾得到仁宗皇帝的接見。酒席宴會上，每人都在頭上插滿鮮花，肆無忌憚地嬉戲取樂，司馬光卻正襟危坐，也不戴花。同事提醒說：「戴花是皇上的指令啊！」司馬光才不太情願地戴了一朵小花。

司馬光有一個老僕人，一直喊司馬光「君實秀才」。一次，蘇軾來到司馬光府邸，聽到僕人的稱呼，就戲謔他說：「你家主人不是秀才，已經是宰相了！大家都稱爲『君實相公』！」老僕大吃一驚，以後見了司馬光，都畢恭畢敬地尊稱他爲「君實相公」，並高興地說：「幸得大蘇學士教導我……」司馬光長嘆：「我家這個老僕，活活被蘇軾教壞了。」

司馬光的老婆張夫人婚後沒有生育，就給主動給司馬光找「小三」。一次，她背著司馬光買了一個美女，安置在臥室，自己藉故外出。司馬光見了，不加理睬，看書去了。美女跟著他到了書房，搔首弄姿一番後，取出一本書，嬌滴滴地問：「中丞是什麼書呀？」司馬光離她一丈，拱手答道：「中丞是尙書，是官職，不是書！」美女很無趣，失望地走了。

司馬光一生只有一個老婆。有次到丈人家賞花時，張夫人和丈母娘合計，偷偷給他安排了一個美貌丫鬟。司馬光生氣地對丫鬟說：「走開！夫人不在，你來見我幹啥！」第二天，丈人家的賓客都知道了此事，十分敬佩，說司馬遷和他老婆儼然就是「司馬相如和卓文君」白頭偕老的翻版。張夫人終身未育，司馬光就收養了族人之子司馬康作爲養子。

北宋士大夫生活富裕，包養美女、納妾蓄妓是當時的主流，但司馬光卻很過時，和王安石、岳飛一樣，是罕見的不納妾、不儲妓人才。洛陽的燈會很有名，有次元宵節，張夫人想出去看燈，司馬光說：「家裏也點燈，何必出去看？」張夫人說：「不止是看燈，也隨便看看遊人。」司馬光笑著說：「看人？難道我是鬼嗎？」

司馬光眼光很好，但也會走眼。元祐初年，司馬光舉賢，但卻看錯了孫准。司馬光說孫准是一個做事很靠譜的人，「行義無缺」，但孫准卻爲了錢財，和岳父家吵得山呼海嘯，甚至家醜外揚，訴諸於法律手段，被罰銅六斤。他的後院也沒管好，妻妾之間經常吵架爭寵，一番雞飛狗跳的光景。爲此司馬光寫檢討書給皇帝，讓皇帝給孫准降官。

司馬光秉性剛直，經常爲了舉賢斥奸的事跟皇帝當庭爭執，置個人安危於不顧。仁宗得病時，皇位繼承人還沒確定下來。因爲這檔子事會觸犯正在病中的皇上的忌諱，群臣都保持沉默。司馬光此前在並州任通判時，就三次上奏提及此事，這次又當面跟仁宗說。仁宗仍遲遲不下詔書。司馬光又一次上書，仁宗看後大爲感動，不久就立英宗爲皇子。

司馬光很正直，「濮議之爭」時，他奮筆上書，堅持「濮王應按照成例，稱爲皇伯。」御史台的六個人據理力爭，都被罷官。司馬光爲他們求情，沒有得到恩准，於是請求和他們一起被貶官。司馬光在他的從政生涯中，一直堅持原則，被稱爲「社稷之臣」，宋神宗感慨地說：「像司馬光這樣的人，如果常在我的左右，我就可以不犯錯誤了。」

《資治通鑑》寫成以後，司馬光官升爲資政殿學士。他在洛陰居住了十五年，天下人都認爲他才是真正的宰相，尊稱他爲司馬相公。神宗逝世時，司馬光赴喪，衛士望見他，都說這就是司馬相公。他所到之處，百姓夾道歡迎，導致交通堵塞，馬都不能前行，老百姓對司馬光說：「您不要返回洛陽，留下來輔佐天子，救救百姓吧。」

等到哲宗即位、太皇太后臨政時，司馬光已是經歷了仁宗、英宗、神宗的四朝元老，頗具威望。他建議太后廣開言路，於是上書奏事的人數以千計。當時天下百姓都拭目以待，盼望革新政治，但有些人卻說三年之內不能改變先皇的政策。於是當時只改革了一些細小的事，堵堵人們的嘴。司馬光逝世，太皇太后聽到消息後，和哲宗親自去弔唁。

司馬光死後，受到了時人的尊敬。京城的人聽到司馬光掛掉的噩耗，都停工前往弔祭；嶺南封州的父老鄉親，也都備辦祭祖；都城和周圍地區都畫了司馬光的遺像祭祖，吃飯時當作祖宗和神仙供著，爲之祈禱。

司馬光一生正派，被老百姓當作神。在封建時代，司馬光是孔門的第三個聖人，位列孔子、孟子之下，同樣在孔廟享配。司馬光一生都不說謊話，他評價自己時說：「我沒有什麼過人之處，只是平生的所作所爲，皆問心無愧。」百姓們敬仰信服他，陝州、洛陽一帶的百姓被他的德行所感化，一做錯事，就說：「司馬君實會不知道嗎？」

司馬光一生清廉簡樸，不喜華靡，就連他的政敵王安石也很欽佩他的品德，願意與他做鄰居。據說司馬光的妻子死後，家裏沒有錢辦喪事，兒子司馬康和親戚主張借些錢，把喪事辦得排場一點，司馬光不同意，並且教育兒子處世立身應以節儉爲可貴，不能動不動就借貸。最後，他是把自己的一塊地典當出去，才草草辦了喪事。

司馬光「典地葬妻」立碑時，石匠安民對蔡京說：「小人是愚民，不知道立碑的意圖。但司馬相公海內都稱道他爲人正直，現在卻要列入奸黨，小人不忍心做。」蔡京仔細一想，司馬光雖然有錯，但畢竟爲人正直，享有威望，於是改變了主意，將司馬光排除在奸人之外。可見，司馬光的人格不僅爲百姓所稱道，甚至連對手也爲之折服。

沈括曾經精心設計過聲學共振實驗。他剪了一個紙人，把紙人固定在一根弦上然後開始彈琴。當彈動和該弦頻率成簡單整數比的弦時，那根弦就開始振動，紙人開始跳躍，而彈其他弦時，紙人卻不動。沈括是個大科學家，當然沒有跟別人說這是天神下凡等歪道，而是把這個共振的道理寫在了自己嘔心之作《夢溪筆談》裏，作爲專利所有。

沈括是個大能人，曾經利用自己的地理知識搞定了遼國。北宋跟遼國簽訂了和平停戰協議《澶淵之盟》後，遼國對大宋土地眼紅，要求重新劃定邊界。朝廷讓沈括擔任談判特使。沈括用一張《天下郡守圖》讓不懂地理的蕭太后自覺理虧。後來遼國談判代表升了級，成了宰相楊益戒，沈括又換成了木質地形模型，從平面到立體地加以解釋，遼人再次吐血。

宋神宗一生最大的遺憾就是沒能征服西夏，並把這個遺憾帶到棺材裏去了。時值夏惠宗在位，母黨梁氏專權，西夏國勢日非，宋神宗命兵伐西夏，期圖一舉殲滅西夏。在慶州宋軍大破夏軍，佔領西夏二千里土地。但後來在永樂城之戰中慘敗，滅夏之舉未能實現。事後，宋神宗在朝中當眾痛哭。他有抱負，勵精圖治，想滅西夏，惜壯志未酬，飲恨而死，享年三十八歲。

＊微歷史大事記＊

西元一〇六四年，潁王趙頊被立為皇太子。

西元一〇六七年，宋英宗死，宋神宗即位，召王安石為翰林學士。

西元一〇六九年，宋神宗任命王安石為參知政事，翌年，任為宰相。

西元一〇七五年，宋迫於遼的壓力，與遼重畫河東地界，失地七百里。

西元一〇七六年，王安石第二次罷相，宋神宗親自主持新法推行。

西元一〇七九年，蘇東坡調任湖州，後被捕入獄，引發「烏台詩案」。

西元一〇八〇年，宋神宗改定官制。

西元一〇八一年，宋神宗下令興五路師進攻西夏。翌年，以敗績告終。

西元一〇八五年，宋神宗死，宋哲宗繼位，太皇太后高氏臨朝同聽政。

第七章　他最短命宋哲宗

宋哲宗趙煦原名是趙傭，老媽是朱德妃。哲宗即位時，因爲年僅十歲，所以由他奶奶高太后垂簾聽政。高太后一心想反對變法，在兒子神宗面前嘮叨過好幾回王安石的壞話。這一年，她把司馬光叫回來主政，不分青紅皂白地廢除新法。高太后喜歡權力，緊抓著政權不放，於是哲宗就成了個擺設，跟個影子一樣。

無論是元祐時期，還是哲宗親政後，最活躍的似乎都是朝中的大臣們。變法與反變法矛盾的延續以及哲宗與高太后的衝突，使得當時支持變法的大臣（新黨）與反對變法的大臣（舊黨）無可避免地捲入激烈的黨爭，今天你掐我，明天我搞你，活躍在政治舞臺上，成爲主角，演出一幕幕令人嘆息的悲劇。

哲宗登基時，只有十歲，不能獨立處理事務，所以由監護人高太皇太后執政。高太皇太后執政後，任用保守派大官司馬光爲宰相，「凡熙寧以來政事弗便者，次第罷之」。司馬光上臺後，不顧一切盡罷新法（熙寧變法），「舉而仰聽於太皇太后」，唯高太后馬首是瞻。宋哲宗對此感到非常不滿，親政後就開始秋後算賬。

哲宗的皇位是高太后保住的。當時神宗病重，神宗的弟弟雍王趙顥和曹王趙頵常去探視病情，趙顥甚至還到高皇后那打探消息。神宗覺察到了兩位親王的意圖，「怒目視之」，到了神宗彌留之際，趙顥還請求留在神宗身邊侍寢。高太后見兩人居心叵測，就命人關閉宮門，禁止二人接觸神宗，讓他們斷了念頭，並暗中加快立趙傭爲儲的步伐。

高太后是經歷了仁、英、神三朝中發生的仁宗立儲、英宗「濮議風波」和神宗「熙豐變法」等事的老江湖。她出身尊貴，其曾祖是宋初名將高瓊，老媽爲北宋開國元勳曹彬的孫女，姨媽是仁宗曹皇后。曹皇后把她當親閨女，和仁宗親自爲神宗和她主持婚禮。當時有「天子娶媳，皇后嫁女」之說，這種世家與皇室之間的聯姻，無疑有助於鞏固高氏在宮中的地位。

元豐八年三月，大臣們覲見太后時，高太后當眾誇讚皇子趙傭穩重又聰明，而且神宗生病，趙傭一直手抄佛經，爲神宗祈福，很孝順。大臣們看著皇子所抄的佛經，齊聲稱賀。高太后讓人把趙傭抱出來，宣讀神宗詔書，立趙傭爲太子，改名趙煦。數日後，神宗一命嗚呼，趙煦繼位，做了宋哲宗，從此太后垂簾聽政，暗中做了八年女皇帝。

高太后垂簾聽政時期，軍國大事都是她說了算，年少的哲宗根本沒有發言權。朝堂之上，哲宗的御座和高太后的座位相對，大臣們向來都是向太后奏事，背朝著哲宗，不向哲宗稟報。後來哲宗親政，談及垂簾之事時說：「朕當時只能看朝中官員的臀部和背部啊！」

哲宗十七歲時，高太后本該還政於哲宗，但權力這玩意容易讓人上癮，「無奈」聽政的高太后絲毫沒有還政的想法。眾大臣依然「有宣諭必聽太后之言」，不勸太后撤簾。高太后和大臣們這種不把哲宗當回事的態度惹惱了哲宗，哲宗心裏面很是怨恨他們。哲宗親政後，大力貶斥這群不懂事的大臣，還一度欲追廢奶奶高太后。

哲宗從小受到了高壓式的教育。高太后讓呂公著、范純仁、蘇軾等人擔任哲宗的侍讀大臣，主抓哲宗的教育工作。他們經常給哲宗講「仁宗恪守祖宗法度，通曉經義，成就清平盛世多好啊，不要學神宗銳意進取，搞什麼新政，否則天下都亂套了」之類的「正確理論」，想通過教育使哲宗安分點，恪守祖制，不要受變法的影響。

哲宗從小就表現出了聰明才智，擁有少年老成的穩重。哲宗八九歲時，就能背誦七卷《論語》，字也寫得很漂亮，他老爸神宗非常喜歡他。元豐七年（一〇八四年）三月，神宗在宮裏擺宴和群臣喝酒培養感情，英宗那時才九歲，也陪同入席。英宗雖然是第一次經歷這樣的大場面，但卻表現得很得體，得到老爸的誇讚。

哲宗即位後，遼國派使臣來參加神宗的弔唁活動，宰相蔡確擔心兩國的服飾不同，嚇著哲宗，就反覆給哲宗講契丹人的衣著禮儀。哲宗開始不說話，沒眼色的蔡確在那嘮嘮叨叨個沒完。等蔡確講完了，哲宗問他：「遼朝使臣是人嗎？」蔡確暴汗：「當然是人了，是夷狄。」十來歲的哲宗說道：「既然是人，怕他幹什麼？」堵得蔡確沒話說。

高太后害怕哲宗和他老媽朱德妃聯合起來威脅自己，對朱德妃要求很苛刻。元豐八年（一〇八五年）十一月，朱德妃護送神宗的靈柩前往永裕陵，途經永安，時任河南知府的韓絳親自到永安迎接。高太后知道這件事後，就雞蛋裏挑骨頭：「韓絳是先朝大臣，你怎麼能受他大禮？」嚇得朱德妃眼淚啪嗒啪嗒往下掉。

哲宗少年老成，對不把自己放在眼裏的高太后有自己的辦法。每次大臣向哲宗和高太后奏報時，哲宗都保持沉默。有一次高太后憋不住了，就去問哲宗：「你爲什麼不表達看法？」哲宗一語驚人：「奶奶已處分，還要我說什麼？」言外之意，自己不過就是個擺設而已，對此高太后很無語。

元祐七年（一〇九二年），在高太后的一手操辦下，哲宗和孟氏舉行了盛大的婚禮。五月十六日，哲宗冊立孟氏做皇后。道家認爲，這天是天地合日，夫妻應該獨自入寢，否則就會折壽，宋人對這一套很忌諱，連哲宗也納悶爲什麼選這個日子。高太后不顧眾人的反對，說不用理這一套，結果哲宗果真「折了壽」，在二十五歲的大好年齡就死了。

三賢與三奸

「車蓋亭詩案」是北宋開國以來，朋黨之爭中，以文字打擊政敵面最廣、力度也最大的一起文字獄，舊黨利用高太后對蔡確等人的不滿，捕風捉影，對整個新黨集團進行了一次斬草除根式的清算。在蔡確被貶新州時，舊黨將司馬光、范純仁和韓維譽爲「三賢」，而將蔡確、章惇和韓縝斥爲「三奸」。

哲宗有次去南郊祭祀天地時，忽然有十餘輛紅傘清蓋的牛車不僅不回避皇上的儀仗隊，還搶道！禮官蘇軾前去查問，原來是皇后與高太后的女兒韓國、魏國大長公主。哲宗見皇后和大長公主不把自己放在眼裏，非常氣憤，連忙派人把此事告知高太后。第二天，哲宗就下詔「自皇后以下皆毋得迎遏」，連皇后見了他也得讓道。

元祐時期，哲宗是一個傀儡皇帝，備受冷落和忽視，這加劇了哲宗對元祐政治的不滿。元祐八年（一〇九三年）九月，高太后去世，哲宗改元紹聖，開始「報仇」，大力打擊元祐大臣，甚至在章惇等人的挑撥下，直指高太后「老奸擅國」，要把高太后的稱號和待遇給追廢掉，後被向太后阻止，才沒有幹出出格的事來。

哲宗因爲不滿司馬光的「以母改子」，亂改自己老爸神宗的變法措施，不滿元祐舊臣早年對他的冷落，更不滿高太后對他的種種壓抑，暴走了。紹聖初郊祀大禮時，朝廷要頒佈大赦詔令，通常連死囚都免去死刑。有大臣請示哲宗，想要赦免貶謫的舊黨官員，哲宗回答得極爲乾脆，「絕不可以」。

哲宗是個有仇必報的人。西元一〇九七年，有人建議讓被貶謫在鳥不拉屎的嶺南的劉摯等人「稍徙善地」，以「感召和氣」，哲宗大手一揮：「不行，讓他們老實給我待著！」連在嶺南附近做些調動也不行。於是被貶到嶺南的那些倒楣蛋舊黨不僅被剝奪了政治權利，還得在條件惡劣的環境下求生存，哲宗一天健在，他們就一天翻不了身。

紹聖四年（一〇九七年），章惇等人頻頻上奏，哲宗開始對元祐大臣進行新一輪無差別攻擊。司馬光和呂公著等人那時候都已經掛了，哲宗就把他們追貶、削奪恩封，甚至還要挖開兩人的墳墓，後在大臣「挖墓不是高尚君主所爲」的勸說下才罷手，但兩人的後代都被牽連遭貶。在世的元祐大臣，均被趕出朝廷，相繼被貶到了嶺南，如同被判了死刑。

神宗變法時，王安石見蔡確有才能，就推薦他做了官。誰知道蔡確是個見風使舵的好手，他見神宗有疏遠王安石的意思，就不顧知遇之恩，上書參劾王安石。蔡確爲了謀取高官，製造了多起冤獄。他從知制誥一路升官到御史中丞、參知政事，都是因爲製造冤獄奪。很多大臣都看不起他，蔡確卻覺得自己很了不起。

神宗病危時，蔡確想立神宗同母所生的兩個弟弟，雍王趙顥和曹王趙頵，但沒有成功。於是哥倆就反過來誣陷高太后和王珪有廢哲宗之意，自謂策立有功。後來高太后垂簾，宰相蔡確被一貶再貶，被扔到了安州。蔡確被貶也有雅興旅遊，寫了《夏日遊車蓋亭》，結果被吳處厚說是譏諷君親，高太后怒不可遏，把蔡確扔到了荒蕪的嶺南。

蔡確曾經寫過十首絕句，知漢陽軍吳處厚和蔡確有仇，於是抓住了機會，搞「莫須有」，上奏朝廷指出：第二首裏面的笑好像不懷好意；第五首諷刺朝廷啓用新人，自吹老資格；第八首貌似是比喻國運必生大變；第九首可能是誣衊當今太后，比擬武則天；第十首是心懷不滿，認爲朝廷對他處置不公。加上一幫人的起鬨，蔡確就成了政治犯。

蔡確因爲支持變法，當時被稱爲「奸臣」。王韶熙河之役取得了勝利，但被告挪用軍費，蔡確奉命辦案，爲他雪冤。開封府鞫相州民訟，牽連出了判官陳安民，陳

安民托左相吳充的女婿講情。蔡確卻杜絕搞官官相護的官場人情，「遂移御史台」。這樣一個人，肯定在官場混不久，因爲「樹敵太多」，於是他後來榮登《宋史》〈列傳．奸臣〉。

蔡確被貶新州的時候，只有一個叫做琵琶的愛妾和一隻鸚鵡跟隨。每當蔡確喊琵琶，只要敲一下小鐘，鸚鵡就會跟著叫琵琶的名字。不久後，琵琶死於瘟疫，蔡確再也沒有敲過小鐘。有一天蔡確不小心敲到了小鐘，鸚鵡反射動作地又呼喚琵琶的名字，碰到了蔡確心中的痛處，蔡確就一個人在那哀嚎「鸚鵡聲猶在，琵琶事已非。」

元祐八年（一〇九三年）八月，高太后垂危時，告誡范純仁和呂大防等人：「勞神死後，肯定有很多煽動皇上的人，這樣一來你們就遭殃了，最好的方法是你們早點求退，早做準備，以保全身家性命，讓皇上別用一番人。」後來證明，哲宗親政後，凡是高太后垂簾聽政時彈劾或者罷免新法的人一律遭到報復，無一人倖免。

章惇考進士時，章惇名次在侄子章衡下面，深以爲恥，就在競爭異常激烈的情況下再次參考。有一次章惇和蘇軾出去旅遊，走到一個深潭邊，下面是萬仞絕壁，有根木頭橫在上面。章惇讓蘇軾在絕壁上題字，蘇軾膽小不敢去，於是章惇淡定地吊繩攀著樹下去，在絕壁上寫下「蘇軾章惇到此一遊」。蘇軾拍著他的肩膀說：「君他日必能殺人。」

章惇在貶逐元祐黨人時，以被貶者的姓名來定貶所。蘇軾貶儋州，是因爲蘇軾字子瞻，「瞻」類似「儋」。劉摯貶新州，因爲「新」字音近似劉摯字莘老之「莘」。黃庭堅貶宜州，因爲「宜」字似其字魯直之「直」字。而劉安世貶逐時，有人說劉安世曾算過命，說自己命極好，章惇就在昭州上一指，說：「劉某命好，讓他去昭州試試。」

章惇敢作敢爲，是王安石的接班人。以前他跟蘇軾關係很好，有一次，蘇軾去找章惇，章惇正躺在床上撫摸肚子，見到蘇軾，他就把肚子亮給蘇軾看：「你猜猜我這肚子裏都是什麼？」蘇軾回答說：「都是謀反的事！」章惇大笑。後來章惇支持王安石變法，舊黨就說他「謀反」。

蘇轍被貶到雷州後，不允許住官宅，就買了一家民宅住。章惇硬是從中大做文章，說蘇轍霸佔民宅，讓地方政府去「治一治」，直到蘇轍拿出房產證，他才沒有得逞。後來章惇也被貶到了雷州，買房子住。當地百姓不幹了，說：「以前我們把房子賣給蘇公住，因爲這事，那個狗頭章丞相差點讓我們家破人亡，這回說什麼我們也不賣了。」

程門立雪——程顥、程頤

程顥、程頤兄弟倆都是宋代極有學問的人。進士楊時，爲了豐富自己的學問，毅然放棄了高官厚祿，跑到河南穎昌拜程顥爲師，虛心求教。後來程顥死，楊時也有四十多歲了，卻又和好友游酢去拜程顥的弟弟程頤爲師。當時程頤在假睡養神，兩人在門外吹了一尺多厚的雪等程頤。程頤起來，故意說：「呀，你們倆怎麼還沒走？」然後笑著收下了他們。

程顥和程頤兩兄弟，世稱「二程」，是北宋學問大家，開創了理學學派。這哥倆不但學術思想相同，而且教育思想基本一致，但兩個人的性情卻不同。有一次，兩兄弟去寺廟裏玩，弟弟程頤見到佛像，作揖而過，而哥哥程顥卻假裝沒看見。有人就問程顥爲什麼，程顥就說：「論年齡，佛也就比我大幾歲，我向他作揖算什麼？」

宋哲宗是北宋較有作爲的皇帝。由於宋哲宗在新黨與舊黨之間的黨爭不但沒有獲得解決，反而在宋哲宗當政期間激化，種下了北宋滅亡的隱患。宋哲宗的悲劇，在於他太天真了，因爲的理想與他的實際能力距離太大，他更多地像一個紙上談兵的人物，理論上有許多想法，但在實際運用上，卻缺少變通和從權的能力，難以處理諸種複雜矛盾和關係。

高太后對宋哲宗這個小皇帝寄予厚望，但是這種過分周到的呵護反而使哲宗感到窒息和束縛。高太后對宋哲宗從策立之初，到臨終囑託，都可以說是相當盡心盡責，努力愛護和教育著這個小皇帝。但是，好心也未必能辦成好事的。所以高太后一死，宋哲宗便要急不可待地改弦易轍，

宋哲宗非常崇拜他老爸宋神宗。在高太后死後，宋哲宗總算可以親政了，再也沒有人能夠「捆綁」住自己的手腳了。於是，哲宗趕緊去實行他所崇敬的老爸宋神宗的變法之政策。宋哲宗雖仰慕老爸的敢作敢為，卻比他老爸的經驗和素質都要差，結果急功近利，適得其反。其事業心和實績，其理想和現實能力，真的反差太大，所以他只能陷入悲劇而不能自拔。

＊微歷史大事記＊

西元一〇八五年，宋哲宗繼位，太皇太后高氏臨朝聽政，廢除新法。

西元一〇九二年，在高太后的一手操辦下，哲宗和孟氏舉行婚禮。

西元一〇九三年，太皇太后高氏死，宋哲宗親政，重行新法。

西元一〇九四年，宋哲宗與西夏作戰，收復部分失地。

西元一〇九七年，章惇等人頻頻上奏，哲宗對元祐大臣進行新一輪打壓。

西元一一〇〇年，宋哲宗病逝於汴梁（今河南開封）。

第八章 天下一人宋徽宗

宋徽宗趙佶是荒淫派皇帝的代表，是神宗的第十一個兒子。哲宗於元符三年（一一〇〇年）正月病逝，劉妃生下皇子茂後，被冊立爲皇后，但皇子茂運氣不好，出生沒三個月就掛了。於是哲宗的弟弟趙佶被天上掉下來的餡餅砸著頭，僥倖做了皇帝。徽宗不僅是個青樓天子，而且還是個紈褲帝王，性格「輕佻淫蕩」，成就了「千古淫帝」的惡名。

趙佶出生於元豐五年（一〇八二年）十月十日，從小養尊處優，形成了「輕佻浪蕩」的性格。據說他降生前，他老爸神宗到秘書省觀看收藏的南唐後主李煜的畫像，「見其人物儼雅，再三驚嘆」，而後徽宗就出生了，「生時夢李主來謁，所以文采風流，過李主百倍」。這個李煜托生的傳說充分地說明了徽宗確實是個「風流人物」。

趙佶每天到向太后那兒請安，聰明又孝順，所以給向太后留下了好印象。哲宗病重期間，向皇后和宰相章惇對於皇位繼承人展開了辯論。向太后冠冕堂皇地爲端王趙佶找做皇帝的理由：「老身無子，所有的皇帝都是神宗的庶子，不應該有什麼區別，簡王排行十三，不可排在諸兄前面，而申王有眼病，不方便做皇帝，我看端王就挺好！」章惇立馬反駁說「端王輕佻，不可君天下」，拿趙佶的人品說事。

宋徽宗是大宋搞花樣最多的皇帝，據說他在位時還有「娘子軍」。有一年，宋徽宗在宮裏舉行小型閱兵儀式，其中有一項是檢閱宮女們的演練。宮女們擂鼓吹號、騎馬飛射、馬上馬下，樣樣工夫都很了得，看得宮裏面號稱「大內高手」的侍衛都臉紅。徽宗表揚說：「女人們都能教成這樣，天下還有什麼是不能教的呢？」

趙佶好朋友很多，而且彼此「志同道合」。他的摯友王詵，是一個駙馬，娶了英宗的長女魏國大長公主。公主溫柔賢慧，但沒啥用，因爲王詵喜歡「野花」，爲人放蕩，行爲極不檢點。王詵的小妾經常頂撞公主，神宗因此兩次將王詵貶官，但王詵知錯不改，甚至在大長公主生病時，公然尋歡作樂，把大長公主氣個半死。

趙佶跟駙馬王詵，兩人經常「逛街」，到京城有名的「天上人間」擷芳樓光顧。王詵收藏有半幅名畫《蜀葵圖》，經常跟趙佶說遺憾。於是趙佶就找人四處尋訪，找到了另外半幅。趙佶跟王詵要他手中的那半幅，王詵很講義氣，當即把心愛的畫給了喜愛書畫的趙佶。結果趙佶把兩個半幅畫裱成了一幅畫送給了王詵，王詵感動得淚流滿面。

有一次，趙佶在皇宮裏遇見了王詵，頭皮癢沒有帶篦子，就跟王詵借付篦梳頭。王詵把篦子遞給了他，趙佶一看，王詵的篦子款式新穎，做工精美，好東西啊！一下子被吸引住了。王詵也是個聰明人，就說：「我找人做了兩付篦子，還有一個沒用過，過會兒我找人給你送過去。」趙佶很滿意。

徽宗即位後，正事不幹，過著糜爛的生活。徽宗十七歲時娶了德州刺史王藻的女兒，即位後，王氏被冊封爲皇后，但徽宗因爲她長得不好看，不喜歡她。徽宗喜歡向太后宮中的兩個宮女鄭氏和王氏，鄭氏不僅有著魔鬼的身材，還有著天使的面孔，善於討好徽宗，還能幫徽宗批奏章，徽宗多次賜給鄭氏情詞豔曲，後來這些情詞豔曲傳出了宮禁，廣爲流傳。

宋徽宗很寵愛劉貴妃，劉貴妃出身微寒，卻花容月貌，一入宮就被大色狼徽宗寵幸，由才人連升七級做了貴妃，可惜紅顏薄命。劉貴妃曾親手在庭院中種了幾株芭蕉，當時她說：「等這些芭蕉長大，恐怕我也看不著了。」在旁的侍從聽見了，趕緊上奏徽宗，徽宗起初不當回事。誰知過了兩天，劉貴妃就病逝了，宋徽宗哀嚎不已。

宋徽宗的寵妃劉氏是當時時裝界的名人，非常會打扮，化妝穿著都很時尙。她

「每制一衣，款式新穎」，裝扮起來貌似天仙，不但俘獲了徽宗的心，連京城內外也都競相效仿。徽宗誇她說：「劉氏回眸一笑，六宮粉黛盡無顏色啊！」道士林靈素見風使舵，稱劉氏爲「九華玉真安妃」，供奉劉氏的泥像於神霄帝君的左邊，拍馬屁拍到了家。

宋徽宗喜歡微服私訪尋找刺激。雖然後宮美女三千，但他覺得後宮美女的氣質都是裝出來的，所以一有機會就跑出宮去，尋找「野味」。李師師是京城名妓，才藝雙全，而且慷慨有俠名，號稱「飛將軍」。這樣一個絕色美女，宋徽宗當然不會放過，他經常下班後坐著轎子，帶上幾個隨從，到李師師家過夜，世人皆知。

Q 一代名妓——李師師

李師師是徽宗的御用妓女。李師師原來是一個染坊工匠王寅的女兒。王寅的妻子生下女兒就去世了，王寅用豆漿當奶水餵她，她才活了下來。在嬰兒時代，王寅從來沒聽她哭過。汴京有個風俗，生了兒女，父母若是寵愛他們，一定要讓他們在名義上出家，到佛寺生活一段時間。王寅很疼李師師，就把她送到寶光寺。

李師師被送到寺院，一個老和尚看著她說：「這是什麼地方？你到這來呀！」她突然哭了起來。和尚撫摸她的頭頂，她才不哭。他老爸王寅暗暗高興，說：「這女孩真有佛緣。」凡是佛門弟子，俗稱爲「師」，所以王寅將她取名爲「師師」。師師四歲的時候，王寅犯罪蹲了監獄，竟死在獄中，而後李師師被一個娼妓李姥收養。

宋徽宗曾經裝成商人去嫖妓，李師師對他態度很冷淡。後來大家都知道皇帝到李家去過了，風傳皇帝要抄李家。收養她的李姥聽了，嚇得哭天喊地。李師師安慰她說：「不用怕，皇上肯來看我，怎麼忍心殺我？再說那天夜裏，他沒用強，皇上心裏一定很愛我。再說這事又不光彩，皇上把咱殺了，他臉上也過不去啊！」李姥這才放下心來。

徽宗經常給李師師送禮物，還時常「光顧」。當時宮裏盛傳這件事情，鄭皇后聽說後，就進諫說：「娼妓之流的下賤人，不宜跟皇上龍體接近。而且夜晚私自出宮，也怕會出意外。但願陛下能自愛。」徽宗傻了眼，這新聞怎麼傳這麼快？只好點頭答應，一兩年內，沒有再去李家，但是對師師的問候賞賜，卻一直沒有中斷。

宦官張迪私下對徽宗說：「皇帝去李師師家，一定要換衣服，又是夜裏才能去，所以不能常去。現在艮岳離宮東邊有一塊地，有二三里長，一直到鎮安坊。如果在這裏修一條暗道，皇上來去就很方便了。」皇帝說：「這件事交給你辦。」於是張迪等人將那段路隔了起來，給徽宗建造了一條快速通道。

徽宗皇帝在宮中召集皇家眷屬舉行聯歡晚會，韋妃悄悄問他：「李家女娃（李師師）是個什麼樣的人物，讓陛下這麼喜歡她？」徽宗說：「沒有別的，就是讓你們這樣的一百個人，去掉幾公分厚的妝，穿上素色的衣服，叫這姑娘雜在裏面，也跟你們不一樣。她那種優雅的姿態和瀟灑的氣度，不是有了美貌就能具備的。」

李師師是一個有氣節的妓女。金人攻破汴京時，金國主帥要尋找李師師。他說：「金國皇帝知道她的名聲，一定要得到她。」但找了幾天沒有找到，傀儡皇帝張邦昌就帶領專案組把她抓住獻給金兵。李師師痛罵張邦昌白眼狼，走狗賣國，拔下頭上的金簪猛刺自己的咽喉，但沒有死，之後把金簪折斷吞了下去才死去。徽宗在五國城聽說後，忍不住淚如雨下。

爲了尋歡作樂，徽宗專門設立了行幸局負責出行事宜。行幸局的功能很多，連幫助徽宗撒謊的差事都幹。比如說徽宗當日不上朝，行幸局就站出來說徽宗有排擋（宮中宴飲）；次日未歸，行幸局就傳旨說皇帝有瘡痍（生病了）。有了這樣一個「稱職」的有關部門，徽宗越來越肆無忌憚了，經常不顧九五之尊，跑到妓院等地泡妞找豔遇。

宋徽宗經常遊幸於青樓妓館，因爲這不是啥光彩事，所以他經常是小心翼翼，生怕別人發現。其實大多數朝臣都知道，只不過不敢說而已。秘書省正字曹輔曾經「挺身而出」，上書勸諫徽宗愛惜龍體，別閃了腰。徽宗聽後大怒，把曹輔以「侵犯天子肖像權」的罪名論處，發配郴州。

皇帝也有才

宋徽宗是著名的書畫家、金石家、收藏家，造詣很高，完全可以躋身大師級行列。在繪畫方面，他將生漆用於繪畫，點鳥之睛，讓畫中之鳥鮮活生動，酷似真鳥。宋徽宗還是位藝術生產的領導者和組織者，他利用皇帝獨有的特權，擴充發展了翰林院畫院，幾乎把全國知名畫家都囊括其中。

徽宗酷愛藝術，成立了宮廷畫院。他還以畫作爲科舉升官的一種考試方法，以詩詞做考題曾激發出許多新的創意。如題目爲「山中藏古寺」，許多人畫深山寺院飛簷，但得第一名的，沒有畫任何房屋，只畫了一個和尚在山溪挑水；題爲「踏花歸去馬蹄香」考試，得第一名的，只畫了一人騎馬，有蝴蝶飛繞馬蹄旁。這極大地刺激了中國畫意境的發展。

徽宗閒著沒事，愛在自己喜歡的書畫上題詩作跋，後人把這種畫叫「御題畫」。由於許多畫上並沒有留下作者的名字，他本人又擅長繪畫，所以鑑別這些畫是否是趙

佶的作品有不小的難度。可以確定是趙佶真跡的有《詩帖》、《柳鴨圖》、《池塘晚秋圖》、《竹禽圖》、《四禽圖》等，而《芙蓉錦雞圖》《臘梅山禽圖》是御題畫。

徽宗獨創的瘦金體書法獨步天下，直到今天也沒有人能夠超越。這種瘦金體書法，挺拔秀麗、飄逸犀利，即便是完全不懂書法的人，看過後也會感覺「極佳」。傳世不朽的瘦金體書法作品有《瘦金體千字文》、《欲借風霜二詩帖》、《夏日詩帖》、《歐陽詢張翰帖跋》等。

「靖康之變」時，宋徽宗聽到財寶等被擄掠毫不在乎，聽到皇家藏書也被搶去，才仰天長嘆幾聲。宋徽宗在被押送的途中，受盡了凌辱。先是愛妃王婉容等被金將強行索去；接著，到地後，被命令與趙桓一起穿著喪服，謁見金太祖完顏阿骨打的廟宇，意爲金帝向祖先獻俘；最後，被金帝辱封爲「昏德公」，囚禁了起來。

張擇端完成歌頌太平盛世的《清明上河圖》後，將它呈獻給了宋徽宗拍馬屁。宋徽宗因此成爲此畫的第一位收藏者。作爲中國歷史上書畫大家的宋徽宗酷愛此畫，用著名的「瘦金體」親筆在圖上題寫了「清明上河圖」五個字，並鈐上了雙龍小印（今佚）。

趙佶畫畫構思巧妙，著重表現超時空的理想世界。這一特點打開了南宋劉松年、李嵩和夏圭在山水畫構圖方面的變革之門。趙佶還強調形神並舉的繪畫意念，以「魔術般的寫實主義」給人以非凡的誘惑力，提倡詩、書、畫、印結合。他創作時，常將詩題、款識、簽押、印章巧妙地組合成畫面的一部分。這成為元、明以後繪畫派的傳統特徵。

是奸臣還是才子？——蔡京

徽宗是一個藝術家，經常泡泡妞寫寫字畫點畫，沒時間理政，便把政務都交給以蔡京為首的「六賊」處理。蔡京本來是失業勞工，徽宗上任後，他被監管彈劾奪去官職，但後來他在杭州巴結上了給宋徽宗搜集書畫古董的童貫，通過童貫打通了關節。崇寧元年（一一〇二年）蔡京的死黨慫恿徽宗任用蔡京做宰相，徽宗就決意起用蔡京。

宋徽宗在其皇帝「任內」，重用奸相蔡京、宦官童貫等，弄得朝政日非，天下大亂，各地農民起義無數，最為人所熟悉的梁山泊一百零八個好漢，只是其中的一支而已。徽宗聽從蔡京的話，聯金攻遼，約定功成後，把原納給遼的歲貢「轉名過戶」給金，而宋則可得回失陷多年的燕雲十六州，結果搞砸了。

徽宗很聽蔡京的話，因為蔡京很能揣摩徽宗的心理，投其所好。蔡京父子極力給徽宗灌輸「享樂主義」思想：「陛下當享天下之奉」，「人主當以四海爲家，太平爲娛，歲月能有幾何，何必自尋煩惱」。蔡京還根據「易經」提出「豐亨豫大」的「四大」原則，讓徽宗以大肆揮霍爲榮，拘泥世俗爲恥，盡情享受榮華富貴。

蔡京是個典型的政治投機分子。他在神宗時支持變法，搞得像模像樣；而等到哲宗即位，太皇太后高氏掌權，他又果斷地加入了以司馬光爲首的「反變法陣營」；等到哲宗親政，蔡京又理所當然地投靠了重新控制朝政的改革派；等到徽宗上了台，蔡京轉身一變，成了實施變法的元老，權威人物，披著「推行新法」的外衣開始大興黨禁。

宋朝有個叫薛昂的人，是大奸臣蔡京的死黨，拍蔡京的馬屁拍到了癡狂的程度。他馬屁拍得很到位，以至全家都忌諱說蔡京的「京」字。誰要是不小心誤說了「京」字，薛昂聽到後會將其嚴加笞責。薛昂有時不小心說到了這個字，立即自己打自己耳光。這樣「忠心耿耿」的小弟，蔡京當然很喜歡，執政之後，屢屢提拔他。

蔡京是打著輔助徽宗的「上述父兄之志」，恢復「新法」旗號上臺的。他一邊竭力標榜自己是王安石變法的真正繼承者，一邊大興黨禁，力圖消滅反對派人士，獨攬大權。蔡京上任的第二天，就和宋徽宗聯合炮製了一道詔書，一改往日謙遜溫和的態度，措辭強硬而嚴厲，開始製造中國歷史上臭名昭著的、打擊迫害反對派人士的「元祐奸黨案」。

蔡京和宦官童貫等人把持朝政，向宋徽宗進「豐、亨、豫、大」之言，竭全國之財，讓宋徽宗揮霍，自己的日子也過得相當滋潤。南宋時期，有人在揚州聘請了一位在蔡京府裏做包子的廚子。人家讓她包包子，她很慚愧地一笑：「我不會。」那人大驚，她下面的話更雷人，「我是包子廚中專門剝蔥絲的。」原來蔡京吃個包子有幾百道工序。

蔡京當了二十多年的太平宰相，中間三度被罷，卻都東山再起，最後成爲他對手的是他的兒子蔡攸。蔡攸很有才，深得徽宗喜愛，徽宗做上聯「相公公相子」，小蔡立刻答道「人主主人翁」。後來蔡攸不滿足於給他老爹當下手，常常在徽宗面前說蔡京另一個兒子蔡絛和他老爹的壞話，迫得徽宗最後罷了蔡絛。蔡京年近八十時，蔡攸恐嚇蔡京辭相。

蔡京雖然是個奸臣，但是藝術天賦極高，在書法、詩詞、散文等各個藝術領域均有輝煌成就，素有才子之稱。他的書法，躋身於北宋「蘇、黃、米、蔡」四大家之中。

有一次，他問米芾：「當今書法誰最好？」米芾雖是一個很狂的人，但卻很服氣地回答說：「自唐朝晚期的柳公權之後，就只有你和你弟弟了！」

蔡京善於奉迎，先後四次任相，始終保持著政治上的極強勢，整天過著糜爛的生活，而他的孫子們都吃成了白癡。蔡京曾經問孫子們：「你們天天吃飯，誰能回答我，吃的白米是從哪裡來的啊？」有個孫子立即搶答：「從石臼裏舂成的！」蔡京苦笑，另一個孫子在邊上說：「他在胡說，我見白米是從草蓆袋子裏倒出來的！」

有傳聞說，蔡京八十歲的時候被宋欽宗當作「替罪羊」貶謫到嶺南，途中餓死於長沙。蔡京被貶出京城的時候，把能帶的東西全都帶上了，浩浩蕩蕩地出了京師，準備到目的地蓋個別墅，買上上百個丫環。但是在路上，他的生活品質卻收到了極大的影響，因爲老百姓不賣給他吃的，於是蔡京在途中活活被餓死。

童貫是徽宗時的大太監，不僅曾經掌握軍政大權，還被冊立爲王，代表政府出使外國。他二十歲時才去掉那話兒進宮。據史料記載，童貫不僅長得很高大，一身腱子肉，眼睛也很有神，不像其他太監那樣白嫩白嫩的。他不僅皮膚有點黑，還長鬍子，一眼看上去，更像個陽光猛男，而不是娘娘腔的太監。

童貫出手相當慷慨大方，只是他仗義疏財的對象都是後宮嬪妃、宦官、宮女，以及能夠接近皇室的道士、天子身邊的近臣。這樣皇帝就經常可以聽到關於他的好話。這樣一個陽剛外形的人，卻性情乖巧，心細如髮，對皇帝的心思具有極強的洞察力，每次都能預知皇帝的想法，很識時務，理所當然地得到了皇帝的歡心。

欽宗下旨將童貫處死時，派監察御史張澂前去執行。張澂害怕童貫知道了提前自殺，就派了一個官校快馬先去忽悠童貫說，皇上派他回京做河北宣撫使。童貫開始有些將信將疑，結果官校故意拍馬屁說：「皇上說其他人沒有作戰經驗，都不如您啊！」童貫上了當。第二天張澂趕到，把童貫綁了個結結實實，砍掉了他的腦袋快遞給了欽宗。

徽宗把治兵大事託付給了狗屁不通的宦官童貫；而童貫又「不負所托」，在金兵先行對遼發動大攻勢之後，趁機領宋兵攻遼卻屢戰屢敗，不但在軍事上幫不了金兵的忙，還把宋朝軍事廢弛的弱點完全暴露於人前。「前門送狼，後門進虎」，金國起兵侵宋，危急存亡之秋，宋徽宗的對策是急急讓位於太子趙桓，放下爛攤子做起了太上皇。

崇寧二年（一一〇三年）四月，徽宗搞起了「焚書」，《資治通鑑》也在焚毀之列。此事由蔡京的弟弟蔡卞和他的小弟林自等人負責。太學博士陳瑩前去阻止，特意援引神宗爲該書寫的序文。文盲林自問道：「是真的嗎？」陳瑩：「誰敢說是假的？」林自：「神宗小時候寫的吧。」陳瑩：「天子之學哪有幼年、成年的區別？」此書才得以保全。

宋徽宗執政時，把享樂主義作爲他和寵臣們基本的「施政綱領」，每天尋歡作樂，興建大批土木工程來揮霍。政和七年（一一一七年），規模龐大的「萬歲山」工程開始在汴京東北、景龍江之南破土動工，徵調大量士兵工匠等歷時六年才完工。其中有芙蓉城、靈璧城、慈溪等勝地，亭臺樓閣，山高林深，富麗堂皇，奢華得很。

宣和五年（一一二三年），朱勔在太湖採到一塊高達四五十尺的巨石，需要一百來個人才能環抱住。於是朱勔興奮地造巨船運到京師，獻給酷愛石頭的宋徽宗。宋徽宗欣喜不已：特賜役夫每人金碗一隻，朱勔被封爲威遠軍節度使，朱勔的四個僕人也被封官，連那塊石頭也被封爲「盤固侯」。讓人大跌眼鏡。

宋徽宗風流倜儻，即位前就喜歡玩弄奇花異石，即位後有了更大的權力，更是沒人管了。爲了滿足自己的「興趣要求」，崇寧四年（一一〇五年），徽宗派蔡京的心腹朱勔在蘇州設立「應奉局」，專門給自己搜刮奇花異石。爲了運這些東西，「應奉局」在全國範圍內徵調船隻，每十艘船是「一綱」，將奇花異石通過運河、汴河運到汴京，持續了二十多年。

宋徽宗很寵蔡京的大兒子蔡攸，讓他做了節度使，特許他能夠隨時出入宮禁。每次有什麼宮中秘戲或者喝酒什麼的娛樂活動，徽宗都喊蔡攸參加。蔡攸經常和宰相王黼穿著短褲窄褲，把臉上塗得青一片紅一片的，混到戲子、侏儒裏面，說些市井之間的淫虐浪語，來博得宋徽宗的歡心，蔡攸的妻子宋氏也經常出入宮掖。

有一次蔡攸進宮陪徽宗喝酒，徽宗連賜幾大杯把蔡攸放倒了。但徽宗仍然不滿意，繼續賜酒，蔡攸跪著懇求說：「臣鼠量已窮，逮將萎頓，願陛下憐之。」徽宗大笑著說：「放心吧，你要是死了，我就又灌殺了一個司馬光啊！」荒淫的生活體現得淋漓盡致，從中我們還可以看到徽宗對待元祐黨人的態度。

宰相李邦彥被稱爲「浪子宰相」，經常講一些低俗的市井故事來取悅徽宗。有一次，李邦彥陪徽宗喝酒，到獻技時，他赤身裸體，露出身上的十二生肖紋飾，並說著些淫穢的話語。徽宗開懷大笑，舉杖要笞打他，他卻爬上了拱門。在旁的宦官看見了，傳聖旨要他下來，李邦彥回答說：「黃鶯偷眼覷，不敢下枝來。」

高俅曾經用「足球」征服了徽宗。王詵差府中小吏高俅去給趙佶送篦子，到趙佶府中時，正逢趙佶在踢蹴鞠，就在旁邊觀看等候。趙佶喜歡踢蹴鞠，而高俅早年便是街頭踢蹴鞠的行家。見到趙佶踢得好時，高俅大聲喝彩，趙佶便招呼高俅與己對踢。高俅使出渾身解數，陪趙佶踢球，從此攀上了高枝。

高俅雖然人很混球，卻也知道知恩圖報。他跟蘇軾關係很好，因爲蘇軾對他有舉薦之恩。他本來是蘇軾府裏的一個小吏，經過蘇軾的舉薦才到駙馬府上，有了發展的機會。後來高俅一人得道，雞犬升天，始終念念不忘蘇軾的提拔之情，每當蘇軾的子

孫親友來首都時，高俅都要親自招待，給大把大把的錢來接濟他們。

蔡京童貫等人在把國內搞得烏煙瘴氣，混亂無比後，極力慫恿徽宗收復燕雲十六州。自宋朝建立以來，收復燕雲之地一直是太祖以及身後歷代帝王的夢想，徽宗好大喜功，當然不會放棄這一個風光的機會，想完成祖宗未竟之業，以建立「不朽功勳」。結果兩次攻打遼國都慘敗，最後偷雞不成蝕把米，被金國擄了去，做了階下囚。

燕人馬植品行惡劣，但卻聲稱有滅遼良策。後來他被童貫改名為李良嗣，被舉薦給徽宗。李良嗣給徽宗全面介紹了兩國的危機和金國的崛起，建議徽宗聯合金國滅遼。徽宗一想，這樣一來，列祖列宗夢寐以求的燕雲之地不就可以收復了嗎？那自己不就是彪炳千秋的一代明君了？於是大喜，當即賜李良嗣國姓趙，授予官職，做起了滅遼大夢。

宋徽宗想通過投機取巧滅掉遼朝，不料聯金滅遼的戰略情報被遼朝得知，徽宗害怕遼報復，遲遲不發兵。後來金軍以摧枯拉朽之勢大敗遼軍，徽宗匆忙派童貫率領十五萬大軍區燕京「巡邊」。誰知剛到燕京就被遼將耶律大石打了回來。後來耶律王耶律淳掛了，徽宗又去攻打，雙方在燕京展開肉搏戰，最終以徽宗的慘敗告終。

收復燕雲之時，宋徽宗十分得意，自以爲建立了不世之功，宣布大赦天下，不僅立碑記功，還對參戰的一幫寵臣加官晉爵，舉行慶祝活動。不料樂極生悲，宣和七年（一一二五年），金兵在俘虜了遼天祚帝后，舉兵南下，徽宗嚇壞了，趕緊傳位給兒子欽宗，讓兒子來堵槍口，自己主動做了「太上皇」，一路南逃。

之後徽宗和他的哥哥、弟弟以及他的兒女五六十號人，連同宮廷后妃、宗室貴戚、大臣約三千人被金人擄到北方。當時正是農曆四月，北方還很寒冷，徽宗、欽宗二帝和鄭氏、朱氏二皇后衣服都很單薄，晚上經常凍得睡不著覺，只得找些柴火、茅草燃燒取暖，拮据時「取暖基本靠走」。欽宗的朱皇后當時二十六歲，豔麗多姿，還經常受到金兵的調戲。

徽宗一行乘牛車被押送到金國時，由語言不通的胡人駕車，一路受盡屈辱折磨。靖康二年四月五日，徽宗見到韋賢妃（**趙構母**）等人被弄走，不敢吱聲，憋得心裏那個難受！不覺五臟俱裂，潸然淚下。四月七日，徽宗妃嬪曹才人如廁時，被金兵乘機姦污。八日，宮女到金兵帳中避雨時又被金兵姦淫，死者甚多，徽宗活生生氣個半死，卻無可奈何。

西元一一二七年七月，宋徽宗派臣子曹勳從金偷偷逃到南宋，行前徽宗交給他一件自己穿的背心，背心上寫著「你快來援救父母」。宋徽宗將這幾個字出示給周圍的臣子看，群臣都嚎啕大哭。宋徽宗哭著讓曹勳轉告高宗「不要忘了我北行的痛苦」，並用白紗手帕擦淚，然後將手帕也交給曹勳說：「讓皇上（高宗）深知我思念故國而哀痛淚下的情景。」

有次徽宗把衣服剪成條，結成繩準備懸梁自盡，被欽宗抱下來，父子倆抱頭痛哭。不久徽宗就病死在土炕上，欽宗發現時，屍體都僵硬了。徽宗的屍體被架到一個石坑上焚燒，燒到半焦爛時，有人用水澆滅火，將屍體扔到坑中。據說這樣的水可以做燈油，欽宗傷心也要跳入坑中，但被人拉住，原因是活人會破壞水的成分，欽宗連死的權利也被剝奪了。

徽宗的替罪羊有很多。欽宗是徽宗的長子，卻做了徽宗的替罪羊，皇帝沒做兩年，就被金人押到東北受苦受難；高宗趙構是徽宗的第九個兒子，登基時才二十一歲，卻在此後的十來年的時間裏，被金兵追趕來追趕去，心靈飽受創傷。據說有一天趙構突發感慨，說：「我才三十來歲，頭髮卻白了一大半，我這皇帝當得容易嗎？」

西元一一〇七年，宋徽宗夢見五代時期吳越國的國王錢鏐跟他要失土。宋徽宗不給，錢鏐就警告他，當初我的後代主動把地盤給你們太祖，卻被軟禁，因此，我要讓你的兒子去江南居住。徽宗醒後跟皇后說這夢，皇后竟然說自己也做了這樣的夢。後來，宋高宗出生，宋徽宗開玩笑說：「這孩子長得真像南方人。」結果高宗長大後，成了半個杭州人。

雖然說宋徽宗是一個昏庸的君主，但也並非沒有任何政績，曾經也幹過一些上得了臺面的事情。在宋徽宗統治的中期，曾派遣將領王厚消滅了青唐羌政權，收復了自中唐以來已經陷於吐蕃人之手三百多年的青唐地區，並且在大觀二年，派遣童貫遠征青唐殘部，一路遠征至今新疆且末縣附近，一度控制了西域的東南部地區。對宋徽宗來說，這點是值得炫耀的。

宋徽宗不是個稱職的皇帝，卻是個稱職的藝術家。徽宗酷愛藝術，在位時，將畫家的地位提到在中國歷史上最高的位置，成立當時的宮廷畫院。他本人對自然觀察入微細緻，曾寫「孔雀登高，必先舉左腿」等有關繪畫的理論文章。廣泛搜集歷代文物，令下屬編輯《宣和書譜》、《宣和畫譜》、《宣和博古錄》等著名美術史書籍。對研究美術史有相當大的貢獻。

徽宗尊信道教，希望自己能夠長生不老，並且非常迷信吉凶卜卦。宋徽宗曾經大建宮觀，自稱教主道君皇帝，並經常請道士看相算命。他的生日是五月五日，道士認為不吉利，他就改稱十月十日；他的生肖為狗，為此下令禁止汴京城內屠狗。

＊微歷史大事記＊

西元一一〇〇年，宋哲宗之弟宋徽宗繼位。

西元一一二〇年，宋、金訂立海上之盟，約定共同出兵滅遼。

西元一一二〇年，睦州方臘起義，宋江橫行河朔。翌年，宋江、方臘起義相繼失敗。

西元一一二二年，宋兩次出兵攻遼，皆告慘敗。童貫密邀金兵攻遼燕京，遼亡。

西元一一二五年，金兵大舉南侵，宋徽宗禪位於宋欽宗。李綱守衛開封。

西元一一二六年一月十八日，宋徽宗被俘。

西元一一三五年，宋徽宗於五國城受折磨而死，終年五十四歲，葬於永佑陵。

第九章 靖康之恥宋欽宗

趙桓是個替罪羊，宣和七年（一一二五年）十二月，金人大舉南下入侵時，宋徽宗一看形勢不對，就禪位於他。於是趙桓被迫做了皇帝，成了著名的悲劇帝宋欽宗。趙桓在位才一年兩個月，就被金兵給擄了去，一起擄去的，還有他那風流成性的老爹宋徽宗。直到紹興二十六年（一一五六年），階下囚趙桓才結束了他的悲劇一生，病死在了五國城。

犬父無虎子，欽宗跟他老爹徽宗一樣，優柔寡斷，反覆無常，對政治問題缺乏判斷力。靖康元年（一一二六年），金兵大舉侵略汴京，軍民強烈要求抵抗，欽宗迫於輿論，啓用抗戰派李綱抗擊金兵，背地裏卻不斷向金朝送禮求和，意圖用割地賠款來滿足金人的胃口。不料金兵胃口太大，十一月，金兵攻陷汴京，次年十二月，北宋結束了一百六十八年的歷史。

宋欽宗在位時間很短暫，是在戰亂動盪之中「匆忙」登基的，所以關於他的歷史資料相對較少，評述也要少一些。瞭解宋欽宗需先瞭解一下前一位大宋皇帝——宋徽宗。宋徽宗是宋欽宗的老爸，欽宗子承父業後，僅僅一年有餘，即和宋徽宗一起被金兵俘虜，兩人均在大金度過殘餘歲月。

元符三年（一一〇〇年）四月十三日，趙桓出生那會兒，他爹徽宗高興了一陣子，原因有二：一是自己登基四個月，位居九五之尊，春風得意；二是自己可以把皇位傳給自己兒子了，再不用像哲宗那樣兄終弟及了。雙喜臨門之下，宋徽宗頭腦一熱，決定大赦天下，蠲免賦稅，讓天下的百姓也跟著自己一起分享得到皇子的喜悅。

趙桓的老媽王皇后並不得寵，所以趙桓也就不怎麼受徽宗的喜歡。大觀二年（一一〇八年）九月，年僅二十五歲的王皇后去世了，趙桓成了孤兒，這給年僅九歲的趙桓造成了極爲沉重的打擊，在他幼小的心靈上，添了一道難以磨滅的傷口。從此，趙桓變得沉默寡言，性格孤僻。

趙桓做人很低調，喜歡恬淡，很安靜，不像其他宗室子弟那樣活潑，大概是因爲幼年喪母。政和五年（一一一五年），趙桓被立爲太子後，去拜謁太廟，徽宗命他乘金輅，設鹵簿，仿照至道、天禧太子的例子，並讓百官參拜稱臣，趙桓爲了顯示自己節儉謙恭，「皆辭之」。

最高貴的肉票

金兵圍困汴京時，京城中有個叫郭京的龍衛兵小卒，謊稱自己能施六甲法，只要用七千七百七十七個人就可以活捉金軍統帥，擊退金軍。趙桓竟對此鬼話深信不疑，授予其官職，賜給金銀財帛幾十萬，命他招募六甲兵。結果郭京招募一批地痞無賴拼湊成軍，一打仗就開溜了。

徽宗偏愛三子鄆王趙楷，頗有廢太子之意。宣和年間，王黼和蔡京爲了各自的權益而分別討好徽宗的兩個皇子，以便其將來繼承皇位後，自己可以獲得更高的政治地位。堂堂太子成了權臣之間相互傾軋的工具，趙桓雖然不甘，但也毫無辦法。後來徽宗爲了避免輿論，加之寵臣李邦彥的力保，趙桓才保住太子之位。之後趙桓每日提心吊膽，變得謹小慎微。

金兵南下攻宋時，長驅直入，勢如破竹，來勢兇猛，志在滅宋，各路宋軍大都不戰而逃，徽宗也嚇得差點尿褲子。後來徽宗想出了一個好主意：通過禪位來挽救趙宋天下。於是宣和七年十二月二十三日，猶如驚弓之鳥的徽宗爲了逃避責任，命令內侍傳趙桓入殿受禪，趙桓由此成了宋欽宗，做了替罪羊。

趙桓曾經被徽宗任命爲開封牧，這是個無比榮耀的差事，北宋歷史上只有太宗、真宗兩位皇帝即位之前擔當此職。徽宗又特意賜給太子趙桓只有皇帝才能佩戴的碾玉龍束帶，以示對趙桓的信任，這暗示了徽宗將有禪位的舉動。但趙恒卻很擔心，他認爲朝政荒蕪，自己勢單力薄，很難駕馭朝政，所以在驚喜之餘不免有些憂慮。

徽宗讓趙桓入殿受禪時，太師童貫、宰相李邦彥將浴袍強披在趙桓身上，趙桓卻堅辭不受，甚至幾次氣絕於地。於是徽宗喊鄭皇后前來勸說，又打出不即皇位就是不孝的「罪名」強迫趙桓就範，趙桓不從。徽宗又命令內侍強行扶擁趙桓到福寧殿即位，趙桓拼命掙扎，跌倒於地，不省人事。隨後在眾大臣的「幫助」下，趙桓被抬進了福寧殿即位。

金兵南下時，欽宗被迫派兵迎戰，阻止金軍繼續南下上。但是欽宗很沒主意，整日患得患失，一會主戰一會主降，多疑善變，後來無奈委任主戰派李綱抗戰。這時的欽宗心裏很是害怕，猶豫不定，想逃走。幾經周折，李剛終於說服欽宗堅守在首都開封，和軍民共同抗戰，不再出逃，如此局勢暫時穩定了下來。

抗金戰爭中，欽宗不聽李綱的勸阻，決定屈辱求和，採納李邦彥割地求和的建議，派人赴金營談判。而各路勤王之師陸續抵達京城後，欽宗又甚爲歡喜，轉過頭來派人夜襲金營，失敗後，又將責任推到與此事毫無關係的李綱身上，趁機罷免了李綱和統領西北援軍的老將同知樞密院事種師道的領導工作，向入侵者請罪。

金軍攻陷開封外城時，佔領外城四壁，假惺惺地宣布議和退兵。欽宗很天真，傻乎乎地相信了，並派何栗和齊王趙栩到金營議和。金軍統帥宗翰很滿意，又「請求」太上皇到金營談判，徽宗哪有這膽量？於是欽宗無奈作爲代表前去。此後欽宗同一眾大臣在金營受盡屈辱，向金俯首陳臣，祈求寬恕，舉行了投降儀式。

金人向宋朝漫天要價，索取金銀帛馬等物資。當時開封城已經被搜刮得差不多了，但欽宗很害怕，於是金人要騾馬，欽宗就把全城的牲口都算上，官僚上朝都是步行的；金人要女人，欽宗就到處搶，連自己的妃嬪也拿來抵數，不從的少女有很多，所以當時死者甚眾；金人要錢，欽宗就強取豪奪，連鄭皇后的娘家也不能倖免。

欽宗跟金人談判時，受到無比的冷遇。金軍司令官宗望、宗翰根本不跟他見面，只把他安置在小破屋裏。小破屋裏除了幾把破椅子，就只有一個小土炕，兩片破毛氈。欽宗白天忍饑挨餓，夜裏在寒風中靠抖動身體取暖。轉瞬之間，欽宗由貴不可及的皇帝淪落到如此地步。看著眼前的一切，欽宗心如刀割，哭成了淚人。

金人扣留欽宗後，聲言不拿錢來就不放人。宋廷聞訊，大肆搜刮，破牆入戶，跟強盜差不多。連救濟院的貧農、僧道、倡優都被搶了。宋廷勉強湊了一點金銀綢緞給金人送去時，金人還百般羞辱。汴京百姓在風雪中，將城中的樹葉、貓犬吃了個乾乾淨淨後，開始吃死人肉。當時疫病流行，一時間餓死、病死之人無數，慘況無法形容。

滅宋是金人的基本國策，儘管在金宋戰爭中，宋朝君臣「表現」得很挺聽話，對金人俯首貼耳裝孫子，但金人還是要廢黜欽宗，來實現政治目的。於是靖康二年（一一二七年）二月六日，欽宗被廢，成了平民，第二天，他老爸徽宗協同一群小弟「主動」前往金營。父子兩人雙雙做了階下囚，成了亡國之君，北宋宣告滅亡。

在獻囚儀式上，金人給宋徽宗和宋欽宗爺倆起了個侮辱性封號，宋徽宗是「昏德公」，稱欽宗為「重昏侯」。到了金國後，金人把兩人扔到了跟野外差不多的五國城，關在有漏風牆壁和潮濕地面的囚室裏。當時看守他們的金人每天只給他們提供一餐，吃的是一種餵牛的豆餅。

金人將徽、欽二帝趕至荒涼偏僻的邊陲小鎮——五國城後，徽宗精神抗壓性極好，過了一陣子，又有了讀書寫詩的雅興。徽宗喜好讀書，有時竟到廢寢忘食的地步。有一次，他讀了唐代李泌的傳記後，對李泌為國盡忠後被奸佞嫉恨的遭遇感觸頗深，令大臣抄寫一份，賜給韋賢妃，可惜他醒悟的有點遲了。

宋徽宗和宋欽宗被擄到金國後，不僅囚禁條件很差，還經常成為金人練拳腳的對象，動不動就被毆打，即使這樣，爺倆也很堅強，沒有自殺。有一次，父子二人遇到了一位來自宋朝京城的老者，三個人聊到了以前的種種往事，於是放聲大哭。金人聽到了哭聲，氣得七竅生煙，認爲他們根本就沒有臉哭，於是抽了每人二十鞭子。

金人打進了開封，提出了巨額賠款要求，但這是開封打死也交不出來的天文數字。於是金兵又想出了餿主意，抓了一大批女人，明碼標價地所要贖金：比較貴的是皇帝的妃子、親王的妃子，一人一千錠金子；其他宗室女人是一人五百錠；官員貴族家的女人是一人兩百金；一般的良家婦女則是一人一百兩銀子。

北宋滅亡後，金人冊封一向主和的張邦昌爲帝，建立傀儡政權，國號「大楚」。康王趙構在河北積極部署軍隊，準備切斷金人退路，金軍兵力不足，不能對中原廣大地區實行有效統治，於是準備撤軍。金人在「東至柳子，西至西京，南至漢上，北至河朔」的廣大地區內「殺人如刈麻，臭聞數百里」，一路燒殺搶掠地撤了回去。

金國退兵後，張邦昌脫下帝袍，去除帝號，也不在正殿辦公，不自稱「朕」，相當老實。他見到康王趙構後，趴在地上一把鼻涕一把淚地要死要活，主動把傳國玉璽交了出來，說自己只是爲了敷衍金人，國難當頭匹夫有責，做皇帝也是無奈！趙構見他這麼偉大，也就不再追究。後來趙構繼位，張邦昌還被封爲高官。

張邦昌當上傀儡皇帝時，百官各個哭喪著臉，「毫無喜慶之色」。張邦昌的臉也有些掛不住。他不喊自己「朕」，而是自稱爲「予」；傳諭稱「宣旨」、手詔稱「手書」；百官上班時可以坐著，說話喊他名字；他不穿龍袍，只有見到金人才換上。王時雍每次向張邦昌打小報告，都要說「臣啓陛下」，張邦昌就裝模作樣地教訓他一頓。

聽說宋徽宗、宋欽宗父子要被金人弄到北方去時，張邦昌率領文武百官和首都市民在南薰門擺上幾條桌子，面對囚禁二帝的金營遙遙祭拜，哭天嚎地，一副耿耿忠心的樣子，到了金營就換上了奴才嘴臉。張邦昌上位之初，想宣布天下大赦，門下省部長呂好問問他：「京城內外都爲金人占了，你赦的是哪門子的天下？」讓張邦昌很難堪。

張邦昌在金帝國的威逼下，建立了「大楚」僞政權。在他的主持下，早就退休了的孟皇后被請到宮裏重新出任「元祐皇后」，垂簾聽政。雖然元祐皇后長期遠離政治中樞，但卻很擅長政治，她立馬跟忠於宋室的大臣取得聯絡，逼迫張邦昌放棄自立爲王的念頭，將傳國玉璽送給漏網之魚康王趙構。趙構即位後，對這位很識時務的伯母很好，當親娘對待。

有人告發張邦昌在皇宮裏犯了強姦案，玷污了宮人，宰相李綱扯開嗓子要求嚴懲這一惡性案件，結果張邦昌被貶至潭州「安置」，飲食起居要向尙書省報告。不久金兵以張邦昌被廢來犯，可憐的張邦昌被下旨賜死。張邦昌讀完詔書後，深知生命的可貴，不想自殺，執行官逼他，他只能登上天寧寺的平楚樓，仰天狼嚎數聲，自縊身亡。

書生成良將——李綱

李綱是北宋稀有的英雄，但有人說他個人生活很腐敗。宋人筆記《樵書》中記載，李綱這個人很奢侈，家中收藏的古董能開十幾個古董店，連侍女和家童的衣服都是由高檔布料製成，極盡奢華美麗。每次李綱請客吃飯，桌上的菜不少於一百樣。有時候李綱出門，屁股後面會跟著十幾個廚子，挑著做飯的傢伙和原料。

李綱雖然生活很腐敗，但當官可是一點兒都不馬虎，反而非常有潛力和爆發力。當金軍南侵之際，宋方朝野亂成一團，簡直是束手無策。宋欽宗當時是病急亂投醫，他授任李綱為東京留守、親征行營使。而李綱作為一個本不知兵的文臣，在倉猝之際，居然相當有效地組織了開封的城防，屢次擊退了敵人。他既在士民中贏得了很高的威望。

李綱雖然是個文臣，但他後來會領兵打仗，是因為他的家庭淵源。李綱的老爹叫

李夔，是進士出身。李綱很小就有大志向了，他還曾經跟著他老爹入軍營中過軍旅生活。這些軍旅生活經歷不僅讓李綱增長了見識，更令他的愛國熱情日益高漲，報國的志向更加堅定。

李綱和他老爹李夔一樣有出息，也是個進士出身，曾在宋徽宗面前效果力。李綱踏上仕途三年之後，就升爲監察御史兼權殿中侍御史。李綱是個好官，他體恤百姓，敢於大膽直諫，並提出改革弊政、停征暴斂、整頓軍備、加強防禦等建議。但是，這個治國良策卻遭到了昏庸無能的宋徽宗的反對。於是乎，徽宗就把李綱給降職了。

李綱曾經惹毛徽宗，被降職處分後，沒過多久，他便好了傷疤忘了疼，又一次捅了一個大簍子。徽宗決定於金國聯合攻遼，李綱就上了《制虜策》，指出遼國與大宋是唇亡齒寒、相互依存的關係，聯金攻遼不僅違反了之前與遼國的停戰和議，而且後患無窮。徽宗聽後，又惱了，於是又把他給降職了。

徽宗禪位給欽宗，還得記李綱「一功」。當年，徽宗還沒有打算禪位給欽宗，可是，李綱卻冒死呈上血書，請徽宗禪位，讓太子登基，號令軍隊。李綱當時可能是救國心切，心想徽宗這個老傢伙昏庸無能，興許欽宗這個小傢伙會比他老爹好些，畢竟初生牛犢不怕虎嘛！誰知，李綱又想錯了。大勢已去的北宋王朝，誰上臺基本上都是一個樣了。

根據北宋當時的情況來看，唯有李綱才能擔當救國的重任。但是，宋欽宗本人來回搖擺於卑怯的投降主義和輕率的冒險主義之間，他委任李綱負責城防，又不能授予全權，更不聽李綱的勸阻，而致力於屈辱求和。李綱並非在救援戰中不盡己力，卻在本來已是十分艱難的形勢下，又遇到朝廷的多方掣肘，終於在太原陷落後被劾下臺，貶黜出京。

微歷史大事記

西元一一〇〇年，趙桓出生。

西元一一二五年，十二月金人南下大舉入侵，宋徽宗禪位於趙桓。

西元一一二六年，金兵再次圍攻開封，欽宗任用李剛抗戰。

西元一一二六年，十一月，金兵攻陷開封。

西元一一二七年，徽、欽二帝被金兵俘虜，北宋滅亡。

西元一一五六年，宋欽宗趙桓從馬上跌落，被亂馬踩死。

下篇

南宋

欲振乏力難回天

第十章 漏網之魚宋高宗

泥馬渡康王

高宗趙構其實是個漏網之魚。他是徽宗的九兒子，老媽韋氏是一個地位較低的妃嬪，並不受徽宗的寵愛。本來皇位沒他啥事，然而生活總是戲劇性的，靖康之變中，趙宋宗室大都被金兵擄去，趙構成了漏網之魚，於是天上掉餡餅，皇帝的位子非他莫屬了。靖康二年，二十一歲的趙構登基稱帝，建立了南宋王朝。

趙構曾經和丞相張邦昌被送往金營做人質。到了金營以後，張邦昌徹底被金兵嚇垮了，只要有金兵對他一瞪眼，他就會被嚇得尿褲子，當即哭起來。而趙構在金營中卻鎮定自若，很淡定。過了二十多天，金兵開始懷疑自己的眼神了，覺得趙構是個贗品，生長在皇宮裏的皇子哪有這麼淡定的？於是把這個「淡定哥」放了回來，換了一個親王。

高宗是一個有名無實的「中興之主」，父兄被擄的奇恥大辱都無法在他平靜的心底濺出一點仇恨金人的漣漪。他患有「恐金症」，無論在抗金戰場上勝負如何，他永遠只有一個態度：投降求和。高宗在位期間，談「金」色變，在金人面前極盡卑躬屈膝、搖尾乞憐的醜態，讓這樣一個君主來承擔抗金禦侮的使命，肯定難有成就。

趙構從小不受老爸徽宗待見，他哥哥趙桓卻很得寵，於是趙構心中生出羡慕嫉妒。西元一一五六年六月，金主完顏亮命欽宗出賽馬球，欽宗皇帝身體柔弱得跟隻雞似的，患有嚴重的風疾，又不善馬術，很快從馬上摔下，被亂馬踐踏而死。然而，直到紹興三十一年（一一六一）欽宗死訊才傳到南宋。高宗表面上痛不欲生，內心卻暗自高興。

趙構是「泥馬渡康王」故事的主人公。據說北宋末年，康王趙構赴金營做人質，在押解北上途中，趙構逃脫。逃到磁州時，暫避在崔府君廟，夢見神人告知金兵將至。趙構嚇壞了，倉皇起身逃跑。他見廟外已備有馬匹，於是驅馬狂奔，這匹馬很神奇，居然載著趙構渡過黃河，過河後就化成了一匹泥塑的馬，救了趙構一命。

西元一一二七年，趙構南逃揚州，金人於次年兵鋒指向揚州。一一三〇年，趙構自揚州至鎮江，再至杭州，又北上建康府（今南京）致書金人，表示願意削去宋朝國號稱臣。金人拒絕高宗投降，再次南進，「搜山檢海捉趙構」。高宗則自建康而鎮江、杭州、越州、明州、定海，直至乘船逃入大海。金人也入海追擊，因遇大風雨且金軍不擅長水戰，只得作罷。

宋高宗趙構在得到明州淪陷的消息後，隨即逃到海上。完顏宗弼從海上追捕，但是由於風浪太大，加上南宋大臣張公裕率領大型戰艦展開了阻擊，最終選擇撤退。據說宋高宗最危險的時候距離金帝國的追兵僅一天的行程。不過，後來南宋政府卻沒有把擊退金兵的功勞頒給張公裕，而是說金兵在舟山砍到了一根會噴血的柱子，嚇得跑回去了。

宋高宗驚訝於岳飛取得的輝煌勝利說：「朕素來聽說岳飛行軍極有紀律，但沒想到能這樣把敵人打得落花流水！」胡松年是個老實人，沒有大肆吹捧說是領導的英明等等，而是直接說：「因爲他的軍隊講紀律，才能破賊，如果紀律不嚴明，自己還顧不了自己，說啥打別人呢？」一句話把南宋其他所謂的勇猛部隊給全鄙視了。

趙構跑到南方做了窩囊皇帝後，很喜歡一隻鸚鵡，因爲這隻鸚鵡很識時務，不僅會口呼「萬歲」，還會在趙構吃飯的時候，吩咐樂隊奏樂給皇帝解悶，如果遲遲沒有音樂響起，鸚鵡會打小報告說：「卜娘子不敬萬歲」。這隻鸚鵡曾經是徽宗的寵物，

後來到南方因水土不服死了。鸚鵡死後，趙構很傷心，親自爲牠撰寫祭文。

高宗趙構有兩大護法，分別是黃潛善和汪伯彥，兩人都是進士出身。「靖康之變」時，黃潛善和汪伯彥、宗澤共同推舉趙構做了皇帝。汪、黃兩人是主和派，「靖康之變」前，河北各地方官員都出人出力抵抗金軍，只有這兩個人嗑著瓜子隔岸觀火。一一二八年，兩人分別被任命爲左右宰相，高宗晃著腦袋說：「有這兩人，我還愁處理不好國事嗎？」

高宗趙構是一個沒啥志氣的人，一度沉迷於音律。他以日薪一兩黃金的工資請當時的著名藝術家黃震入宮給自己演奏。黃震琴藝雖高，卻不將之傳給自己的兒子。趙構問他：「是不是你兒子天賦不夠啊？」黃震回答說：「像您這麼慷慨又喜歡音樂的皇帝，幾朝幾代才會有一個啊！」趙構聽著這話很滿意，其實這話是在罵趙構不幹啥正事。

高宗任用投降派秦檜爲宰相，對金以求和爲主，一味地屈膝妥協。他誣陷、冤殺了岳飛，與金朝訂立了「紹興和議」。

靖康二年（一一二七年）五月一日，趙構在應天府登基，建立了南宋政權。金人得知後，準備趁趙構立足未穩，將其扼殺。趙構嚇得趕緊遷都揚州，建炎三年（一一二九年）二月，宗翰派兵奔襲揚州，正在後宮尋歡作樂的趙構乍聞戰報，倉皇出城渡江逃跑。經過這一次突如其來的驚嚇，趙構留下了嚴重的後遺症，從此不能生育。

高宗是個投降派，在金營做人質的經歷，親眼目睹了金兵的強悍和兇殘，每當想起，就心有餘悸，把國恨家仇抛到了九霄雲外。他在逃跑時，還不忘向金人乞和，在國書中竟然自稱「康王」，說自己未經「上級」金朝批准就登基稱帝，實在是大錯特錯，甘願放棄帝位，向金朝稱臣。卑躬屈膝、搖尾乞憐的嘴臉躍然紙上。

高宗對逃難時曾經停留過的臨安（杭州）念念不忘。那裏交通方便，江河湖泊交錯，金人的騎兵無法馳騁，大大提高了高宗的安全感；而且臨安地處魚米之鄉，物產豐富，是繁華秀麗的「東南第一州」。於是飽經流離之苦、熱切渴望安逸生活的高宗於紹興二年（一一三二年）遷都杭州，南宋朝廷終於獲得了喘息之機，初步在東南站穩了腳跟。

秦檜極力支持高宗議和，朝廷內外群情激憤，抗議運動達到了前所未有的聲勢和規模，臨安市民甚至在街上貼出醒目的榜文：「秦相公（秦檜）是細作（奸細）！」矛頭指向秦檜，同時影射高宗。高宗惱羞成怒，將反對態度強烈的大臣貶謫。面對強大的輿論壓力，高宗以爲徽宗守孝爲藉口，由秦檜等宰執大臣代他向金使行跪拜禮，接受了金朝的國書。

趙構曾經連下十二道金牌，催促岳飛班師，以免妨礙自己的「議和大計」。岳家軍收復很多失地，戰線太長，加上其他各路軍隊都被喊回去了，在形勢和君命的逼迫下，岳飛違心地拒絕了兩河百姓要他繼續北伐的懇求，奉詔班師。退兵之日，岳飛不禁深深痛惜自己的「十年之力，廢於一旦」！這次最有希望的北伐就這樣被高宗和秦檜葬送了。

趙構退位後，自稱不再過問朝政，但還在干預政事。有一天，他去靈隱寺冷泉亭喝茶，有個原來是郡守的行者對他很是殷勤，趙構拍胸脯答應給他復職，結果孝宗沒照辦，趙構很生氣。孝宗解釋說此人貪贓枉法，自己已是寬大處理，趙構卻不顧這些，說：「我都答應人家了，老子以後怎麼再見人！」孝宗只得去對宰相說：「太上皇發火了，那人即使犯了謀殺罪，你也得給他復職。」宰相只得照辦。

Q 白馬書生——虞允文

太上皇趙構每次過生日，南宋政府都要送大禮。有一年生日禮物突然少了不少，趙構氣炸了。孝宗趙昚很害怕，就讓宰相虞允文出面調解家庭糾紛。趙構對虞允文說：「我老了，都不管我了是不？」虞允文拍馬說：「哪裡啊，這是爲了少用點人民的血汗錢，來給陛下您增壽啊！如此您肯定萬壽無疆！」一聽「無疆」二字，趙構就像打了雞血，大大賞賜了虞允文。

虞允文天資聰穎，六歲就能讀《九經》，七歲能作文。他的老爸是朝廷官員，按照宋朝的制度，他可以接替他老爸的班。後來他老媽也掛了，他因爲悲傷變得形銷骨立，早晚都在墳前哭泣。丁憂期滿後，由於老爸有病在身，他又不忍心老爸床前沒有孝子端湯送藥，所以一直都沒有復出。等到老爸也掛了之後，他才參加高考，並中了進士。

虞允文剛出仕的時候，決定幹出一番大的事業，然而，現實又讓他感到非常殘酷。虞允文踏上官場時，南宋已經與金議和了。但金國只是行緩兵之計，從未真正打消南侵的念頭，南宋皇帝高宗卻只顧著享一時之太平，根本不聽取任何關於加強防禦的提議。虞允文在這種表面太平的日子裏，只好先幹好自己的本職工作再說。他在爲官期間，深受百姓愛戴。

被稱爲白馬書生的虞允文，不僅是南宋傑出的文人和書法家，還是一位受人敬仰的抗金名將。在金兵渡過淮河，進逼長江的危急形勢下，虞允文依然組織軍隊出擊，挫敗了金兵渡江的計畫，取得了採石大捷，其英雄事蹟廣爲後人所傳誦。

宋高宗趙構一生中最喜歡的人就是秦檜，甚至命人專門建造了一座紀念館叫做

「思秦檜也」。在面對文武百官對秦檜發起彈劾時，宋高宗趙構竟然拿秦檜和太醫王繼先做比喻說：「王繼先是我的醫生，那秦檜就是國家的醫生。」於是王繼先的獨門秘方「黑虎丸」一輩子也沒治好宋高宗的不育症，和秦檜都是一個級別的「庸醫」。

北宋滅亡時，大批皇室人員被金人擄到了北方，當時有一個自稱柔福帝姬趙多富的女子從金國南逃，宋高宗姐妹有三四十個，認不全，於是這個艱難逃回祖國的妹妹恩寵有加。但趙構的老娘韋后被金人送回來後，說這個趙多富是山寨的，結果這個公主被砍了腦袋。有人說這是一個女尼姑冒充的，也有人說是韋后擔心她說出自己在北方被凌辱的事才殺她滅口。

金兵卯足了勁攻打汴京時，曾經假意要跟宋朝議和，讓宋朝派一名親王跟宰相到營中談事。欽宗趙桓就把孩子們找來問誰去，眾王都很沉默，只有康王趙構是個二愣子，說「某願往」，趙桓就把趙構送了過去。韋氏爲兒子趙構捏了把汗，這時一個叫招兒的小宮女安慰她說：「我看見有四個金甲神人，狀貌雄偉，正拿著弓箭給大王當保鏢。」

韋氏南歸時，欽宗趙桓跑過來拉著她的車子說：「你回去後，一定要把我也弄回去啊！」韋氏當時發誓說：「放心吧！否則我就瞎了眼！」到宋國卻絕口不提這件事。後來她的眼睛果然瞎了，請遍著名的醫學教授也沒治好。有一個皇甫坦的道士給她針灸治好了一隻眼，韋氏要治另一隻，皇甫坦說：「一隻眼就夠看了，那隻眼留著當教訓吧。」

韋太后在金帝國雖然處於被拘留的狀態，卻對宋金兩國之間發生的戰爭新聞有所瞭解。據說她返回臨安後，問自己身邊的侍從說：「為何不見大小眼將軍（岳飛）啊？」左右說：「死在牢裏了。」韋太后就大罵自己的兒子，還準備出家。雖然最後家沒出成，卻終身在宮裏穿著件道服飄來飄去，算是給岳飛超度。

刑秉懿是趙構的原配老婆，很有氣節。靖康之役時，她被金人擄走，當時她已經懷有身孕，卻不得不「以墜馬損胎」。當押解的隊伍走到岳飛的故鄉湯陰縣時，刑秉懿又因為受不了金國萬夫長完顏宗賢的調戲，一度想要自盡。刑秉懿在金國死後，趙構還不知道。後來趙構知道了，賜謚號為「懿節」，宣布全國哀悼，將皇后的位子空了十六年。

據說趙構與邢氏兩人的感情很好。小倆口結婚不到一年，趙構就要出使金營。分別時，邢氏把自己的耳環摘下來送給趙構，說「以後你見此環如見妾身。」這個耳環趙構一直留著，保存在一個小金盒裏。後來，他從揚州出逃的時候，連祖宗的牌位都扔了，還不忘抱著這個小金盒跑，可見趙構這個人還是很重感情的。

完顏亮大舉南征，據說是一個女人引發的。趙構有一個寵妃叫做劉貴妃，才色出眾，有「宋有劉貴妃，天下絕色」的稱號。完顏亮是中國歷史上有名的色魔，他從親信太監那聽說了這個南宋第一大美女，就大舉南下搶女人。據說他在出兵之前還特意準備好了乾淨的被褥，準備搶到了劉貴妃之後兩個人辦事用。

肅王趙樞之女利用金太宗完顏晟對自己的寵信，唆使完顏晟虐殺左右，作爲對金國的報復。在聽說完顏晟準備把趙宋宗室流放到荒涼的五國城時，她忍不住開口求情，結果被完顏晟呵斥。肅王趙樞的女兒說：「你們這樣不人道，使我父兄蒙難，將來肯定也會被別人這樣整你們！」金太宗很生氣，後果很嚴重，操起匕首將她刺死。

魯國公主有四個兒子，都掛著閒差拿俸祿，其中長子錢忱是親生的，公主就不斷地爲其求爵求祿，宋高宗看在她的老面皮上，對她有求必應。不過每次給錢忱加封官爵，趙構總要對大臣外戚聲明：「這是特例哦！別人想都不要想哦！」魯國公主八十六歲去世時，趙構親自前去祭奠，還放了自己五天的喪假，給她的兒孫們全部加官一等。

精忠報國岳家軍

岳飛是中國歷史上有名的猛將，卻被奸臣秦檜搞死。金兀術大舉侵略，岳飛兩次赴援淮西，行動都有點慢，他向以用兵神速著稱，所以這很不正常。第一次據說是因爲岳飛正患感冒，第二次則是軍隊乏糧，其中是否夾雜著對高宗阻撓他北伐的不滿情緒，就不得而知了。但不管實際情況如何，這件事後來還是成了秦檜陷害他的口實。

岳飛二十歲從軍，一生戎馬倥傯，戰鬥在抗金的最前線，時時不忘以恢復中原爲己任。他領導的岳家軍紀律嚴明，驍勇善戰，沉重打擊了南侵的金兵。有人曾問岳飛，天下何時才能太平，他答道：「文臣不愛錢，武臣不惜死，天下太平矣。」像岳飛這樣既不蓄姬妾又不營私財的正派官員，在中國古代社會裏是非常罕見的。

岳飛是一個既不惜命也不愛錢的人，宋高宗打算在臨安給他建造別墅，岳飛引用霍去病的話推辭說：「北虜未滅，臣何以家爲！」岳飛把皇帝賞賜的財物，除了「宣賜金器」外，全部變賣，把得來的錢造了良弓兩千張給軍隊用。

金朝女真貴族很害怕岳飛，平日裏不喊岳飛的名字，而喊他「岳爺爺」。他們得到岳飛的死訊後，個個歡天喜地，喝酒慶祝。被拘留在北方的宋朝使臣洪皓看見了，心裏比刀絞還難受，一個人在那默默流淚。後來金國一高興，就派人把韋氏等人送回了南宋當禮物，宋高宗為了表演自己的「聖孝」，搞了一齣「皇太后回鑾」的鬧劇。

張俊奉命前往前線督戰，跟宋高宗告別的時候說：「臣先去給陛下您清清道路，到時迎接陛下您來旅遊！」還約定一起在故都汴梁過上元節。岳飛聽說後差點噴飯：「張相公恐怕說的是夢話吧！」連宋高宗趙構也覺得張俊自信過頭了，對他說：「用兵要不考慮勝利，只考慮失敗。萬一有個突發情況失敗了，看你臉往哪擱？」

岳飛是北方人，很不適應南方的濕熱氣候。但他收復建康後，一連六年都在南方用兵打仗，眼睛受到了病毒感染，落下了病根，以至於他在平定楊么叛軍後，「兩目赤昏，飯食不進」，病倒了。當時他甚至連光都不能見，臥室的窗戶也得遮嚴實。後來經過治療，他的眼病雖然有好轉，但卻留下了「大小眼」的後遺症，被人嘲笑。

岳飛成為「反賊」時，已經辭官在家、明哲保身的韓世忠坐不住了，他當面責問秦檜岳飛謀反的證據，秦檜答道：「其事體莫須有。」意思是這件事情大概有吧。韓世忠氣憤地想罵他娘：「『莫須有』三字，何以服天下！」但是，高宗和秦檜殺害岳飛的心意已決，高宗不惜違背「不殺大臣」的祖宗家法，親自下旨，讓岳飛喝了毒酒。

秦檜是岳飛的老對頭。傳聞岳飛前世是如來佛祖身旁的護法金鵬，秦檜是一隻老龜，一天如來佛祖正在講經的時候，老龜不雅地放了一個屁，熏著了金鵬，金鵬一怒之下狠狠地啄了老龜一下，老龜懷恨在心。後來他倆下凡成人。秦檜是個滴水之仇，當湧泉相報的人，最後害死了岳飛。

岳飛小時候，家裏窮得叮噹響，是個一級貧戶。從小岳飛便喜歡讀書，可是當時家裏沒錢買筆墨紙硯，這一度讓小岳飛很傷心。有一天，岳飛背著一捆柴禾下山，看見小夥伴們用樹枝在地上畫格子做遊戲，受到了啓發，從家中拿出簸箕，端了滿滿一簸箕沙土，然後把沙土倒在地上弄平，拿著柳條在沙土上寫字，岳母看了說：「我兒子真聰明！」

岳飛特別喜歡讀一些關於兵法的書，尤其喜歡讀《左氏春秋》、《孫臏兵法》及《吳起兵法》之類的書籍。由於家境貧寒，在長期的艱苦勞動中，岳飛得到了很好的鍛煉，意志堅強，身體強壯，力氣很大，十幾歲的時候就能挽弓三百斤，這在宋代幾乎是最高的記錄。在那個兵荒馬亂的年代，年輕人都願意抽空練習武藝，以便保家衛國。

岳飛當了大將軍之後，依然堅持一妻制的原則，不搞包二奶、納小妾之類的縱欲舉動。有一次，吳玠特地送給岳飛一個大美女，岳飛一眼都沒看就將她退了回去，他說：「國恥未雪，聖上宵旰不寧，豈大將宴安取樂時耶！」岳飛與妻子感情深厚，據說臨死之前還佩戴者妻子送的玉珮，可見夫妻感情不是吹出來的。

岳飛是個猛男，可以弩八石，左右開弓，在與敵人作戰時，曾殺敵將黑風大王。後來，王善、曹成聚集兵馬號稱五十萬，氣勢洶洶殺過來，而岳飛手下只有八百來號人，士兵們都十分害怕。這時岳飛十分淡定地說：「讓我給你們做示範。」然後左手挾弓，右手拿矛，衝擊敵陣，結果五十萬大軍亂成了螞蟻，岳飛乘勢大敗敵軍。

岳飛一生都以「武將不怕死，文官不愛錢」做爲自己的行爲準則。升任通泰鎮撫使後，岳飛爲掩護大隊和百姓過江，親率後衛在南灞橋頭斷後，掩護軍民轉移，擋住金兵唯一去路。當時岳飛「身被數十創」，也重傷不下火線，旁邊的小弟見老大這麼勇猛，一把鼻涕一把淚地堅守陣地，岳家軍後衛戰死無數。

岳家軍是抗金的王牌軍隊，軍紀相當好，「凍死不拆屋，餓死不打擄」。凡是損壞莊稼，妨礙農作，買賣不公之人一律都被殺掉，所以岳家軍所到之處，民眾都樂開了花，「舉手加額，感慕至泣」。岳飛非常注重跟士兵們的感情交流，士卒傷病，岳飛親自撫問；士卒家庭困難，岳飛會及時給予生活補助。小弟們死心塌地，所以「撼山易，撼岳家軍難」。

岳家軍其實應該叫「抗金民兵聯合縱隊」，可南宋官方政府並不承認。南宋時，起義軍蜂擁而起，有很多都投靠了岳飛。然後那些歸順岳飛的農民軍隊自稱爲岳家軍，而這個稱呼也得到了廣大人民的認可。

其實跟岳飛在一起沒有好日子過。岳飛全家都穿著粗布衣服，有次妻子李氏穿了件綢衣，岳飛說了她一頓，於是李氏在愛美的年紀也沒能漂亮一把，終生不著綾羅。岳飛在部隊補給艱難時，「與士卒最下者同食」。有次他受地方官招待，吃到「酸餡」（**一種類似包子的麵食**）時，驚嘆道：「竟然還有這麼美味的食物！」便帶回去與家人共用。

岳飛是個簡樸的人，經常住在茅屋軍帳裏，跟士卒一起同甘共苦餵蚊子。高宗曾要在杭州爲岳飛建豪宅，岳飛老實地拒絕了。南宋的大將都貪污成了大款，張俊爲防盜，鑄造了一千兩一個的大銀球，小偷搬都搬不動，所以此銀球被稱爲「沒奈何」。當時張俊家裏，「沒奈何」堆滿大屋，而張俊退休後，每年還有六十萬擔租米的收入。可岳飛被害抄家時，連老鼠都營養不良。

岳飛是金軍的天敵，作戰勇猛曾親率一支輕騎駐守河南郾城，和金兀術一萬五千精騎發生激戰。當時岳飛親率將士，向敵陣突擊，大破金軍「鐵浮圖」和「拐子馬」，把金兀術打得大敗，後來又多次揍得金兀術鼻青臉腫。岳飛因爲不擾百姓，在金營中留下了光輝的形象，金兵都喊他「岳爺爺」。

殺死岳飛的劊子手——秦檜

秦檜以前是一個鄉下教師，可他對做孩子王很不滿意，後來中了進士，就扶搖直上。靖康之役時，秦檜還是個爺們，同金人談判時，不同意割地。但做了宰相的秦檜卻實行了破壞大宋和平統一的計畫，抛出「南人歸南、北人歸北」的言論，成了投降派。高宗一時半會兒沒能適應秦檜轉變的速度，在朝野的輿論下，把秦檜攆回了家。

秦檜曾經問大臣宋朴：「你看我跟古人比怎麼樣？」宋樸說：「您比郭子儀強一點，單比張良差一點。」於是秦檜問理由。宋樸說：「郭子儀被宦官挖了祖墳卻沒有辦法，您卻讓宦官大氣不敢出，所以比郭子儀強；比不上張良，是因爲張良的功業退休了也沒人動得了，您呢，如果一下臺，茶都要涼了。」秦檜聽了，在那兒感嘆了半天。

秦檜被金軍俘虜，之後變節溜了回來。他南歸後，自稱是殺了監視他們的金兵奪船而回的。於是人們開始了三千問：爲什麼只有秦檜一個人回來？回來的路二千八百里，一路上有通行證？他家眷都被放歸，難道是金軍不僅不扣留，還負責接送……

事情的真相是，金國大臣曾經召開復仇南宋會議，討論間諜的問題。魯王說：

「只有放宋臣先回，才能使他『順我』。」忠獻王粘罕說：「沒事！我想了三年，認爲秦檜最可靠！他雖然老是裝忠烈，但其實他內心中經常能『委曲順從』，今天放他回去，明天他就能賣國，見效快，療效好！」就這樣，金人決定放秦檜南歸。事實果不出粘罕所料，魯王很佩服粘罕的神眼。

秦檜南歸後，送給趙構的第一件「見面禮」就是：要想天下無事，就得「南人歸南，北人歸北」。其中的「南人歸南」，其實是一句空話，因爲，這得看金人肯不肯讓南人南歸。第二件「見面禮」，是一份致女真的「求和書」。趙構感到秦檜「忠樸過人」，高興得連覺也睡不著，說得到他是「又得一佳士也」。之後秦檜迅速爬上了宰相寶座。

秦檜按照皇帝意圖，變本加厲地迫害岳飛等人。岳飛被捕都倆月多了，「罪狀」還沒編造好。有一天，秦檜在書房裏吃橘子，閒著沒事用手指劃柑皮，思考人生。秦檜的老婆王氏也是毒辣之人，看見秦檜的動作，就訕笑著說：「得馬上行動去！捉虎容易，放虎難哪！」於是秦檜寫了一張小紙片送給獄吏，而岳飛當天就死在獄中。

秦檜是個玩人的老手。張浚與趙鼎曾討論過人才問題，張浚激動地談秦檜「善良」，趙鼎卻說：「此人得志，我們就無所措手足了。」於是張浚沒有舉薦秦檜。秦檜恨得牙癢癢，挑撥趙鼎說：「皇上想召用你，而張浚拖延扣留。」於是老實的趙鼎去排擠張浚，最後他們都被秦檜所排擠。趙鼎與張浚晚年相遇，才知自己被秦檜當猴耍了。

高宗之所以容忍秦檜，是因爲他還有利用的價值。秦檜病重時，高宗親臨探望下屬，病榻旁的秦熺迫不及待地問：「到時宰相誰來做？」高宗冷冷地答道：「這件事不是你應該問的！」明確地拒絕了秦熺繼承相位的要求，秦檜父子的如意算盤落了空。第二天，秦檜、秦熺、秦檜的孫子秦塤和秦堪被一起免官。得知這是高宗的旨意後，秦檜當夜一命嗚呼。

南宋時，人們聽到岳飛被害的消息，「天下冤之，聞者流涕」。元朝時，人們在秦檜墓前撒尿，稱他的墳是「遺臭塚」。明朝時，有人在岳飛墓前植檜樹，舉刀一劈爲二，號稱「分屍檜」。清朝時，某劇場演秦檜害岳飛的戲，演得逼真，觀眾同情岳飛，竟有人跳上戲臺將飾秦檜的演員打倒。

自從秦檜出名後，人們都害怕跟他同名，導致「檜」字在中國人名中滅絕。平民爲了洩秦檜之恨，用麵團做成他的形象丟入油鍋裏炸，稱爲「油炸檜」。

秦檜是金國的走狗、臥底加間諜，給金國辦了不少實事兒。秦檜死後，韓侂胄追奪秦檜王爵，給秦檜戴上了一頂「謬醜」的帽子，並大舉北伐，不幸戰敗之後被迫與金國簽訂了「嘉定和議」。在和議之時，金國提出的一個重要條件竟然是宋朝必須把秦檜「謬醜」的稱號去掉。可見金國對秦檜是相當的重視，死了也要維護秦檜的「形象」。

秦矩是秦檜的曾孫子。西元一二二一年，金軍南下蘄州。秦矩那時是個通判，和知州李誠之一同死守城池。金軍聽說守城的是秦檜的後人，高興地派人來勸其投降。秦矩怒斬來使，堅決抵抗。後來，金軍破了城池，李誠之與家人一起自殺殉國，秦矩退回官邸自焚。秦矩的兒子秦浚聽到後，也毅然跳入火中，追隨老爸去了，所以秦檜的後代中也有忠良。

抗金三巨頭

張俊曾與岳飛、韓世忠並稱「抗金三巨頭」。南宋初期的武將大都是貪婪的土地兼併狂，張俊每年收租達六十萬石，韓世忠家每年所收租米多達幾萬石，就是這樣，宋高宗趙構還認爲韓世忠「持身廉」，將著名的永豐圩賜給他。韓世忠力辭，成了「廉上加廉」。劉光世部將酈瓊，地位次於王德，大致相當於岳飛部下的張憲，在鎮江府也有四千三百畝水陸田。

張俊逐走了趙鼎，卻引進了老奸巨猾的秦檜，讓秦檜得以在家裏宅了五年後，重新擔任樞密使，地位僅次於張俊。秦檜在家賦閒期間，甚至還明目張膽地宣傳投降主義。但張俊被秦檜在北宋末年的表現給忽悠了，誤認爲秦檜好控制，自己可以拉攏他。直到自己因爲淮西兵變被秦檜狠狠參了一本後，張俊才恍然大悟地對高宗說：「跟他一共事，才知道他這麼陰狠。」

南宋君臣不管前方軍士正在爲國征戰，在都城裏大興土木。張俊不僅讓士兵給皇帝修建宮殿，還給自己蓋豪宅。他還無償役使軍隊給自己建造了一座「太平酒樓」，當做自己的娛樂場所和賺錢工具。當時京城裏的人都說張俊讓人給他抬石頭，不管國恥在那搞太平樓。高宗聽見了，就對張俊說：「我讓你造別墅，可沒讓你搞這麼大動靜啊。」

高宗有一次去張俊家吃飯，張俊爲了討好皇帝，大力準備宴席。時間過了中午，高宗皇帝在那吃得很高興，張俊卻坐不住了，好幾次跟高宗隨行的大臣耳語，讓他催高宗早點回去。張府的人很納悶，爲什麼不讓皇帝多停一會。張俊說：「笨蛋，上次皇上去秦檜大人府上，午飯一過就回宮了，我哪能跟秦相爭寵呢？」眾人直把頭往地上砸。

張俊這個人喜歡撈銀子。有一次高宗在宮中跟群臣看戲。有一個戲子上臺說：「我上知天文下知地理，只要拿一文錢對著貴人一照，就能看到貴人的星相。」他裝模作樣地看高宗，說他是「帝星」；然後看秦檜，說他是「相星」；之後看韓世忠，說他是「將星」；當看到張俊的時候，卻說啥星都沒看見，只看見張俊坐在錢眼裏。於是群臣笑瘋了。

南宋初年「抗金三巨頭」勇猛殺敵讓宋朝起死回生。在「三巨頭」中，張俊善於拍皇帝的馬屁，見風使舵；韓世忠能在沒有兵權後，假裝遊山玩水，騎驢閒逛，所以他們兩人都活了下來。但岳飛不同，他是個剛正不屈的老實人，始終拼命要爲國家恢復中原，這讓高宗等投降派臉紅，所以最終小命不保。

劉豫爲大齊僞政權工作八年。他非常不喜歡南方，於是就實行恐怖政策，誰要是有去南方的蛛絲馬跡，劉豫就連審問都不問，直接砍丫腦袋。所以那時候說話得小心，比如兩個人在路上見了打招呼：「你去哪裡啊？」如果另一個人正好去南邊辦事，絕對不能瀟灑地回答說：「到南頭去！」否則會立即竄出幾個人來，瀟灑地砍了他。

皇帝也盜墓。劉豫上臺後，驕奢淫欲，揮霍無度，橫徵暴斂之餘，還扮演了盜墓賊的角色，不僅將北宋諸先帝陵寢都挖了個底朝天，連一般民眾的祖墳也不放過，引起南宋軍民和僞齊統治下的人民的極大憤慨。雖然劉豫屢次南攻南宋，但總是出師不利，也沒有辦法和黃河流域的抗金軍民鬥爭。

劉豫在南宋做官時，溜過兩次：第一次是宣和元年，任河北提刑時，金人南侵，他棄官逃跑；後來在濟南做官時，金人攻濟南，他一開始還能堅持立場，後來，金人把金銀往那一擺，他就再也坐不住了，不但殺了手下大將關勝，還在百姓都不願意投降金人時，「豫縋城納款」，卑鄙無恥下流的嘴臉可見一斑。

紹興三年五月，南宋朝廷曾派韓肖胄、胡松年出使偽齊。韓、胡二人見到劉豫時，劉豫要求他們以大臣拜見皇帝的禮節來見他，韓肖胄不答應。胡松年對劉豫說「大家都是宋臣」，長揖不拜，劉豫也沒有辦法。劉豫向兩人詢問宋高宗的情況，胡松年說：「皇上好得很。」劉豫又問宋高宗的意向，胡松年回答說：「恢復故土。」劉豫聽後面露慚色。

傳說岳飛在中軍帳前翻閱著最新情報，一行文字吸引了他：「金將粘罕喜歡劉豫，金將兀木討厭劉豫！」岳飛心有所動，於是用計讓金軍的間諜給自己辦事，把劉豫的「吃裏扒外」信交給了間諜。回去後，金兀術打開一看：「岳飛寫信約劉豫一起誘殺我。啊，劉賊真是吃裏扒外，竟敢暗中勾結岳飛謀害我！」後來，金主就把劉豫廢掉了。

超級無間道——宇文虛中

皇統二年，宇文虛中得知宗弼向南宋索要自己的家屬時，曾拜託南宋使臣王倫密奏高宗說：「若金人索取我家屬，就說我的家人已經被亂兵所殺。」宇文虛中的兒子宇文師瑗也上書宋高宗，請求不要把自己的家人送往金國，結果宋高宗和秦檜全然不理會。在秦檜的親自督導下，宇文虛中的家屬被一個不漏地送到金國。

宇文虛中是一個超級間諜，他毅然出使金國，被軟禁，後來金人放宋使南歸，使團的其他人都回去了，只有他決定留下來。他說：「接徽、欽二帝是我的使命，接不到二帝我就不回去。」於是留了下來。他在金國潛伏，而且做到了「國師」的位置，十幾年後，他給南宋發消息說準備接欽宗回家，可惜高宗出賣了他，讓他全家被金人殺掉了。

宇文虛中密謀帶著宋欽宗南歸，卻被祖國出賣，於是急忙發兵到金熙宗帳下，差點殺了金主，可惜事不成而誅。宇文虛中的蓋世膽魄，實在可歌可泣！而這些記載，均被金宋元的腐儒和文臣「選擇性遺忘」，清朝御用奴才也刪去這樣的記載，甚至冤枉這樣一個如此懷有家國深情、笑看死亡的人是貪生怕死、追求富貴榮華的宵小。

宇文虛中死的時候，有一件事情很古怪。據說有關部門告宇文虛中謀反，說他的圖書等都是謀反工具，宇文虛中說：「判我死罪沒什麼，但如果圖書都算謀反工具的話，南來的士大夫家家都有，高士談家圖書比我家的圖書還多，難道他也想謀反？」於是有關部門認定高士談也想謀反，把高士談也一起殺掉。

金國自從以土匪的形象出現在儒弱的南宋面前後，就成了南宋永遠的心病。金國很生猛，所以南宋對自己這個最大的敵人是又恨又怕。除了秦檜那樣的人，愛國人士只要一想到這個國家，就都愁得吃不下乾飯。皇帝們也因此患了心病，一見「金」字就頭疼，所以不管是金子還是金國，只要遇到「金」字，就一律寫成「今」字。

詞中之龍——辛棄疾

辛棄疾出生時，中原已爲金兵所占，所以他從小就生活在淪陷區。辛棄疾二十一歲參加抗金義軍，雖然這支軍隊只有兩千來號人，但他還是踏上了軍旅生涯。辛棄疾一生力主抗金，歸南宋後，曾經上《美芹十論》與《九議》，條陳戰守之策，念念不忘要上戰場，但政府沒有給他機會，所以辛棄疾常常寫一些壯懷激烈的誓詞，成了豪放派軍旅作家。

辛棄疾是著名的主戰派，但是一生都沒能如意。他年近五十歲時，是個病秧子。二十年的仕宦漂泊、六年的鄉間退隱，加上歲月的無情侵蝕，他開始生病，肚子也挺起來，有了糖尿病患者的早期症狀：嗜睡、口渴，甚至還掉了幾顆牙齒。西元一二〇七年十月三日，辛棄疾在不甘心中死去，據說他臨終時還大呼「殺賊！殺賊！」

釵頭鳳——陸游

宋高宗紹興十四年，二十歲的陸游和表妹唐琬結爲伴侶。兩人從小青梅竹馬，婚後相敬如賓。然而，唐琬的才華橫溢與陸游的親密感情，引起了陸母的不滿，以至最後發展到了強迫陸游和她離婚。陸游和唐琬的感情很深，不願分離，於是陸游老媽老是罵陸游。陸游雖然一直苦求，但在封建禮教的壓制下，終歸與唐琬走到了「執手相看淚眼」的地步。

人們都知道陸游是南宋著名的詩人，但很少有人知道他還是一位精通烹飪的專家。陸游的烹飪技藝很高，常常親自下廚。一次，他就地取材，用竹筍、蕨菜和野雞等物，烹製出一桌豐盛的宴席，吃得賓客們「捫腹便便」，讚美不已。陸游對自己做的蔥油麵很自負，認爲其味道可以跟天上神仙享用的「蘇陀」（油酥）媲美。

Q 女中豪傑——梁紅玉

有人說韓世忠的老婆梁紅玉原來是一個歌伎。一天晚上，梁紅玉見到門口有隻老虎在睡覺，嚇了一跳。老虎醒來，變成了一個小兵，這個小兵就是韓世忠。梁紅玉平靜下來，覺得很驚奇，就嫁給了他。後來韓世忠步步高升，成了「建炎四帥」之一，梁紅玉也因功封爲安國夫人和護國夫人，人稱「兩國夫人」。

梁紅玉很「旺夫」，她嫁給韓世忠不久，韓世忠獨擒方臘的英雄事蹟便通過楊惟忠報告給了北宋政府。此後，韓世忠在聯金滅遼和抵抗金帝國侵略等戰役中不斷得到升遷。在此過程中，梁紅玉一直守在韓世忠的身邊，幫助自己的老公管理軍務，在韓世忠的部隊中，一度有「女團練」的稱號。看來每一個成功的男人背後都離不開一個好女人的支持！

據說在黃天蕩戰役焦山寺決戰前夜，當地的老百姓送過來一盒糕點犒勞軍人，細心的梁紅玉發現糕點兩頭大，中間細，就掰開一塊，發現裏面有張小紙條，上面寫著敵人的陣營兩頭大腰細，要是往中間一砍，敵人就會大亂。韓世忠夫婦按照紙條上所寫的展開進攻，果然大獲全勝。後來這種用粳米和糯米爲原料的民間小吃被稱作「定勝糕」。

相傳梁紅玉和韓世忠結識是在童貫平定方臘後，班師回朝到京口時，眾人召營妓陪酒，梁紅玉與諸妓入侍，在席上認識了韓世忠。韓世忠在眾多將領大吹大擂的歡呼暢飲中，顯得悶悶不樂，引起了梁紅玉的注意；梁紅玉那颯爽英姿，不落俗媚的神氣也引起了韓世忠的注意，兩人一聊天，互生憐惜，於是英雄美人成眷屬。

韓世忠是南宋著名的抗金大將，爲南宋立下了汗馬功勞，但是他因反對議和而爲投降派所不容，最終被解除兵權，抑鬱而終。韓世忠生性豪爽，仗義疏財，一生忠於朝廷，戰功赫赫，身上佈滿了傷痕，雙手僅存四指；他治軍有方，手下良將頗多；他對兵器設計獨具匠心，克敵弓、連鎖甲等都是他發明創造的。可惜，遭到奸人讒害，最終辭職回鄉，抑鬱而終。

出師未捷身先死——宗澤

宋高宗登基後，把東京交給了老臣宗澤，任命他做東京防衛總司令。宗澤曾經擔任館陶尉，負責當地的治安問題。他堅絕不跟當地的盜賊等犯罪分子談判，主張予以其痛擊，逮捕逃兵。大臣呂惠卿善意地提醒他：「你這個方法好是好，不過你讀過佛

書沒有，人命關天，怎能說殺就殺？這樣一來也不太符合國家法律精神啊！」宗澤不理他。

金人的爺爺特別多。一一二八年，金兀術進攻北宋首都開封，時任開封防衛總司令的宗澤在城外設下埋伏，擊退了金軍。據說金人因此患了恐懼症，不敢再攻打開封，還稱宗澤爲「宗爺爺」。後來岳飛把金軍打得屁滾尿流，金軍士兵又相互議論說：「不能跟岳爺爺的軍隊打啊，那樣會死得很慘！」據說這些喊「爺爺」的人中，有很多僞軍。

宗澤不僅是一員驍將，而且文武雙全。宗澤本來是出生於一個耕讀之家，家境非常不好。但是，宗澤人窮志不窮，他聰明好學，記憶力超級好。二十歲時離家遊學，尋師訪友，研讀諸家著述和兵書，並且勤練武藝，探求保國安民之道。

宗澤是一個好官。一〇九一年，宗澤參加科考，被賜爲同進士出身，從此登上了政治舞臺。宗澤在當地方父母官時，他勤政愛民，剛正廉明，深受百姓愛戴。但是，在皇帝無能、奸臣當道的北宋末年，像宗澤這樣的好官卻很難得到朝廷的重用。

「出師未捷身先死，長使英雄淚滿襟。」宗澤詮釋了這句詩中英雄們的千古遺憾。本來宗澤已經粉碎了金兵對開封的大規模攻勢，金兵也被迫退守，此時形勢對北伐非常有利，於是他就不斷上書高宗回京主持北伐打擊。但是，高宗不僅不支持，還懷疑宗澤有二心，並派人監視宗澤。宗澤為此積憤成疾，臨死前連喊三聲「渡河」而逝。

趙構是個有名的「逃跑哥」，還逃跑出了名堂。北宋是在倉促之間被金人攻陷了都城汴梁，二帝「北狩」，當趙構南渡時，身邊親兵僅一千餘人，然而他通過各種方法，迅速調集人員防守住了淮河、長江，同時建立了南宋的根基。按說，宋朝之所以得以復興，要歸功於趙構的逃跑。當時如果他沒有逃跑，而是在北方戰死，那麼可能會出現一個更糟糕的局面。

歷代人都傾向於把趙構定位為昏庸之主，是個投降派的首領。但是，宋高宗雖曾堅持對金議和，是投降派的首領，可他也組織指揮過對金作戰，宋高宗建立南宋後，仍用宋的年號和正朔，所以，宋高宗功過參半，不能完全予以否定。

＊微歷史大事記＊

西元一一二七年，康王趙構在南京應天府稱帝，為宋高宗，重建宋朝，史稱「南宋」。

西元一一二九年，杭州改名並升級為臨安府。

西元一一二九年，金兀術攻破臨安（今杭州）、明州（今寧波），高宗從海上逃到溫州。

西元一一三〇年，韓世忠在黃天蕩擊敗金兀術。

西元一一三〇至一一三五年，鍾相、楊么起義。

西元一一三一年，秦檜被任命為右相兼知樞密院事，旋即遭到罷免。

西元一一三六年，劉豫政權攻打南宋，被打敗。

西元一一三八年，南宋向金稱臣。

西元一一四〇年，劉錡的「八字軍」在順昌，岳飛的岳家軍在郾城、潁昌先後大敗金兀術。

西元一一四二年，趙構、秦檜殺岳飛於除夕夜。南宋朝廷收將領兵權。

西元一一四二年，紹興和議達成，趙構生母韋氏回宋。

西元一一六〇年，南宋發行東南會子。

西元一一六一年，金海陵王完顏亮伐宋，虞允文采石大捷，完顏亮被部下所殺。

西元一一六二年，宋高宗退位，宋孝宗即位。

第十一章 南宋鐵人宋孝宗

趙昚是宋太祖的後代，是趙匡胤的七世孫，原名伯琮。宋代從真宗開始，皇位一直在太宗一系傳承，到了高宗趙構時，趙構獨子趙旉夭折，而趙構又患有嚴重的不育症，於是大臣們紛紛建議從太祖的後代中選立繼承人。紹興二年（一一三二年），六歲的趙伯琮被幸運地選中，在宮裏養到了三十六歲才被立爲太子，並於同年登基。

孝宗是南宋幹實事最多的君主，很有作爲。他不甘偏安一隅，力圖奪回中原領土，改革內政，希望重振國威，高宗時，瀰漫朝野的妥協求和的窩囊之風，曾一度有所扭轉。然而，革命的道路是曲折的，面對高宗的處處牽制，主和派地極力阻撓，主戰派的人才缺失，孝宗深感力不從心，中興大業最終流產。

岳飛很有眼光，孝宗還在資善堂讀書時，曾經偶然遇到了入朝奏事的大英雄岳飛。岳飛本身也是當爸爸的人，一見這個十來歲、聰慧又可愛的小孩，就父愛氾濫，

感嘆地說：「咱大宋民族崛起的中興基本，就在這裏（指趙昚）啊！」

孝宗很節儉，他吃飯時，桌邊擺著二十根牙籤，分成白色和綠色兩種，扔一根白牙籤，代表倒半杯酒，綠的則是一杯。孝宗一頓飯下來，最多只用兩三根綠牙籤。高宗死後，孝宗守孝期滿，仍然只吃素，吳妃心疼孝宗，就讓人在素食裏摻進了點兒雞湯，不料孝宗知道後，視此舉爲浪費資源，吳妃便被趕出了皇宮。

孝宗抗擊金兵的雄心，早在他還是皇子的時候就有所體現。紹興三十一年（一一六一年），完顏亮南侵，朝中多數大臣都主張逃跑。但時年三十歲的孝宗很氣憤，主動上書，要求領兵與金兵決戰。經過史浩的善意提醒，爲了避免高宗起疑心，他再次上書，請求在高宗親征時出任保鏢，隨駕保護高宗的安全，以表示孝心與忠心。

孝宗趙昚是趙德芳的後人。高宗無後，「大公無私」地從太祖的後人中選拔繼承人，最後只剩下一胖一瘦兩個「後選人」。高宗開始中意胖小孩。他讓兩個孩子在宮中站著，突然來了一隻貓，瘦孩沒動，胖孩子卻很不道德地伸腳去踢貓，這件事讓高宗對胖孩子好感頓消。那胖小孩名叫趙琢，而瘦小孩便是趙昚。

趙昚從小就接受了最好的教育，長大後封公，後來被進封爲郡王。這位天資聰明的準皇儲和權臣秦檜關係很僵，原因是趙昚很厭惡秦檜屈辱求和的作法。而秦檜也顧忌趙昚能力太強，曾經想免除趙昚的皇儲身分但未遂。後來，秦檜病重，趙昚及時得到消息，通知了高宗，高宗親自去相府探視，粉碎了秦檜和他的爪牙準備讓秦禧當宰相的企圖。

趙昚被養在宮中將近二十年，沒被確立爲太子，主要是因爲高宗還抱有生兒子的幻想，以及秦檜的強烈反對和高宗生母韋太后對他不待見。韋太后死去，高宗使出了最後一招，給兩位準繼承人趙琢和趙昚每人送去美女十名，過了一陣又把她們召回。經過檢查，高宗給趙琢的那十個都已經不是處女，而給趙昚的那十個依舊都是完璧，於是，趙昚做了太子。

孝宗時期，南宋的軍隊戰力有了很大的提高。孝宗先後遣使臣范成大和趙雄出使金國，想要回河南，並改變宋朝皇帝接受金國使臣遞交國書時，親自下殿去取的禮儀。但這兩條都遭到了金世宗的拒絕。孝宗想用和平的手段達到目的的計畫未能實現，只好寄希望以武力解決了，於是他又開始整軍備戰，不料主帥虞允文卻在四川病死，致使自己的計畫成爲泡影。

Q 乾淳之治

孝宗爲了恢復國民經濟，開始改革財政。他首先從整頓內政入手，改變以往賑災方式，採用社倉法；後又改變鹽鈔，將官府拖欠鹽商的錢還給鹽商，放寬了鹽的專賣限制。孝宗取消了很多加耗，大力削減冗官，以前不加考核的官員兒子即可當官的情況沒有了。他還經常考察官吏的實際才能，不合格的統統開除。

宋孝宗注重發展經濟，減輕人民負擔。他不僅屢次下詔減輕人民負擔，而且注意實效。南宋經常提前徵收本稅季的田賦，此舉被稱爲「預催」：八月份繳納的夏稅，四五月份就要送到戶部，所以各地三四月份就要徵收田賦，但是時農作物都還沒有成熟。宋孝宗隨即下詔，拖延多年的預催問題，在他親自干涉下終於得到解決，讓「民力少寬」。

高宗後期，秦檜獨攬朝政，黨羽遍佈朝廷，威脅到了老大皇上的權力。孝宗對於秦檜這種跋扈行爲深有體會。他即位以後，「躬攬權綱，不以責任臣下」，不管是軍國大事，還是縣裏面的刑事案件，他都要親自過問。無論是在積極進取的隆興、乾道時期，還是在消沉保守的淳熙時期，孝宗一直保持著這種啥事都自己幹的作風。

宋孝宗即位之初的隆興元年（一一六三），即下詔將會子加蓋「隆興尚書戶部官印會子之印」，以表明其是由朝廷戶部發行的紙幣，以增加會子的權威性，促進會子流通。宋孝宗對會子十分關心，頒佈了一系列紙幣政策使人們開始信賴紙幣。由於政策恰當，紙幣幣值的穩定與流通得以保障，這不僅促進了商品經濟的發展，也促進了南宋社會經濟的繁榮。

南宋建立以後，財政一直拮据，而孝宗是個勤儉持家型男人，儘量少花錢，常常把財政局的官員找來查賬。爲了改變民貧國弱的局面，孝宗加強對農業生產的重視程度，不僅每年都親自過問各地的收成情況，對新的農作物品種也很關注。一次，范成大進呈一種叫「劫麥」的新品種，孝宗特命人先在御苑試種，發現其穗實飽滿，才在江淮各地大面積推廣。

孝宗是一個勤政派的老板，事必躬親。然而，這種勤政卻對南宋政治產生了消極的影響。在重大決策上，孝宗常常事先不經深思熟慮，就貿然施行，稍有挫折，又馬上收回成命。他在位期間，朝令夕改、說話不算話的情況多次出現，所以恢復中原計劃的最終落空與孝宗的這種爲政作風不無關聯，有人評價他「志大才疏」，是有一定道理的。

孝宗換宰相換得很勤，他在位二十八年，宰相有十七人，參知政事（副宰相）

更是有三十四人之多。每位宰臣在任時間都不長。孝宗爲樹立絕對權威，有時聽信片面之詞，不經過調查核實，就將宰臣免職。乾道二年，有人檢舉參知政事葉顒受賄，有操守問題，孝宗沒有調查就將葉顒免職，後來才知道自己錯怪了葉顒，重新召其入朝。

淳熙二年（一一七五年），朝廷選派使臣赴金求河南陵寢地，宰相葉衡推薦湯邦彥，湯邦彥膽小如鼠，懷疑這是宰相要自己去送命，因此懷恨在心，向孝宗上書告密，說葉衡曾有詆毀孝宗的言論。孝宗大怒，當日就罷去了葉衡的相位，並將其貶往郴州。宰相是百官之首，孝宗卻輕易罷免，反映出他對宰臣們缺乏真正的信任。

宋孝宗一改北宋後期與南宋初期，樹一派打一派的學術政策，對主流學派王安石新學及新興起來的程朱理學，採取相容並蓄、共同發展的政策。宋孝宗雖也對新學有一些微辭，但對理學派攻擊新學、推崇理學並不支持。而沉寂了三十多年的蘇氏蜀學，在宋孝宗即位後重新興起。宋孝宗爲蘇軾文集作序並追諡「三蘇」，推動了蘇氏蜀學的發展。

宋孝宗宣導百家爭鳴、共同發展的學術環境。這樣的社會環境，造就了一大批卓有成就的文人學者，孝宗乾（道）淳（熙）時，「正國家一昌明之會，諸儒彬彬輩出」。其時，不僅有著名的思想家朱熹、陸九淵、陳亮、葉適，還有著名的文學家，如陸游、范成大、楊萬里、尤袤，著名詞人辛棄疾等。

孝宗重用自己未當皇帝前的部屬們，導致這些部屬常常恃寵亂政，被士大夫們指斥爲「近習」。其中比較有名的有曾覿、龍大淵、張說等人。曾覿、龍大淵原是孝宗爲建王時的低級僚屬，靠拍馬屁得到恩寵，參與軍機大政。直到出守建康府的陳俊卿跟孝宗一再指出近習結黨營私的危害，孝宗才開始對曾覿等人稍有疏遠。

宋孝宗趙昚很節儉，宋高宗稱讚他「勤儉過於古帝王」。宋孝宗即位之初，就不肯用樂。他日常生活的花費很少，常穿舊衣服，不大興土木，平時很少賞賜大臣，宮中的收入多年都沒有動用，以至於內庫穿錢幣的繩索都腐爛了。宋孝宗不但節儉，而且尊佛崇道，除奸邪褒忠良，昭雪冤案，勵精圖治，使南宋出現了「乾淳之治」的小康局面。

孝宗當了二十七年皇帝，前二十五年高宗一直健康的活著，一直影響著他。高宗堅決反對主戰，甚至對孝宗說：「等我百年之後，你再爲之！」這無異於向孝宗發出了最嚴厲的警告，要他斷了恢復中原的念頭。

孝宗以孝順著稱，不可能一點都不聽。孝宗在位之時是南宋國力最強的時候，可惜碰上了小堯舜金世宗這樣的明君，宋和金此時勢均力敵，所以都無法消滅對方。相比兩宋的其他皇帝，孝宗更讓人同情些。

隆興元年（一一六三年）八月，金人讓南宋割地賠款，揚言若宋廷不允，即揮師南下。孝宗主張平等議和，派盧仲賢出使金朝談判。盧仲賢臨行時，孝宗告誡他切不可答應金人割地的要求，湯思退卻唯恐和議不成，私下授意盧仲賢可以割讓四州。結果，盧仲賢接受不平等條約。孝宗聞知大怒，將盧仲賢革職，發配郴州管制。和談遂陷入僵局。

宋孝宗派魏杞赴金議和時，湯思退等人擔心孝宗態度反覆，竟秘密派人到金營，通知金人發兵南下，用武力脅迫孝宗。金人有了這些吃裏扒外的幫兇，更加有恃無恐，他們扣留魏杞，要求南宋再割讓商、秦二州，否則便舉兵南侵。十月，金人對南宋發動了大規模的進攻。孝宗罷免了湯思退，但群情激奮要殺死湯思退，最後湯思退自己把自己嚇死了。

孝宗是個悲劇，他對外力圖中興恢復，最後卻徒勞無功；在內重新樹立起了皇權的威嚴，但吏治腐敗、民亂迭起的狀況卻沒有得到好轉。淳熙後期，孝宗深感力不從心，打算讓位於太子，但太上皇高宗還健在，這事不好辦。高宗病逝後，孝宗以「守孝」爲名退位。淳熙十六年（一一八九）二月，宋孝宗正式傳位於太子趙惇，退居二線，做起了太上皇。

張說本以父蔭入仕，後因娶了高宗吳皇后的妹妹，受到重用。張說之所以能夠得到器重，除了他的外戚身分外，還與他對抗金恢復的態度有關。孝宗正在籌備再次北伐，朝中大臣不是明確反對，就是猶豫觀望，而張說卻對北伐積極贊同，因此，孝宗堅持起用張說幫助自己恢復中原。然而，張說無才又無德，使孝宗大失所望，最終被貶謫撫州。

虞允文雖然是北伐的堅定支持者，但心中一直顧慮重重。孝宗要求他到四川後立刻出兵，與江淮軍隊會師於河南，虞允文憂心忡忡地說：「我擔心陛下屆時未必能夠配合。」孝宗當即表示：「放心吧！朕一言九鼎！」然而虞允文到四川後，雖然積極備戰，卻一再推遲出兵時間，使孝宗恢復中原的計畫又一次落空。

李顯忠是南宋有名的將領，果敢有謀，號稱「萬人敵」，一生馳騁疆場，被大宋皇帝視爲守衛疆土的移動長城。如果不是宋朝軍事制度有缺陷，讓李顯忠這樣的武將放手一搏，光復中原，應該不難。

李顯忠和邵宏淵不和。孝宗升李顯忠爲淮南、京東、河北招討使，邵宏淵爲副使。邵宏淵爲人心胸狹隘，爭強好勝，對此耿耿於懷。李顯忠在犒賞軍士時有失公平，士兵三人才分得一千錢，每人平均只得三百餘錢，無法調動士兵們的作戰積極性，於是邵宏淵趁機起鬨鼓噪，讓士卒怨怒。

宋軍北伐時，宋軍接連取得勝利，李顯忠攻克靈壁、宿州，邵宏淵攻克虹縣，金將蒲察徒穆、大周仁、蕭琦等先後投降，北方人民紛紛響應，歸附者絡繹不絕。面對勝利，主帥李顯忠產生了輕敵心理，攻克宿州後，朝酒晚舞了起來，當有人報告說金軍萬餘人向宿州逼近時，他竟不以爲然地說：「區區萬人，何足掛齒！」結果悲劇了。

金軍向宋軍發動進攻時，李顯忠通知邵宏淵出兵夾擊金軍，邵宏淵卻按兵不動，李顯忠氣了個半死，獨自率軍出戰。戰鬥間隙，邵宏淵裝模作樣地出城巡視，對士兵們說：「天氣怎麼熱，就是手不離扇都熱死，更何況要在烈日暴曬下穿著厚重的鎧甲作戰？」言外之意是宋軍甭想獲勝。宋軍二號統帥人物如此悲觀，搞得宋軍人無鬥志，金人趁機大舉攻城。

西元一一七〇年，范成大作爲「祈請使」出使金國。此時距金滅北宋已四十餘年，宋與金以淮河爲界，以「侄兒」的身分卑事金國。南宋想以「祈請」的方式收拾失去的河山與尊嚴，不啻於癡人說夢。就連宋孝帝本人也知道，此行不但沒啥勝算，還凶多吉少。臨行前，他對范成大說：「朕不敗盟發兵，何至害卿！齧雪餐氈，理或有之。」讓他做好當蘇武的心理準備。

范成大是南宋詩壇巨匠，與陸游、楊萬里等並稱「中興四大家」，以「清新嫵麗」而又「奔逸俊偉」的詩風馳名於世。

宋孝宗在位期間，政治清明、社會穩定、經濟繁榮、文化昌盛，史稱為「卓然為南渡諸帝之稱首」。宋孝宗在位時的宋朝相對進入到一個興盛時期，孝宗平反岳飛冤獄，起用主戰派人士，銳意收復中原。在內政上，孝宗積極整頓吏治，裁汰冗官，懲治貪污，加強集權，重視農業生產。總體說來，宋朝的內政形勢有所改觀，是南宋名副其實的中興之主。

宋孝宗本來是一個有野心與作為的皇帝，可惜他總是受到牽絆。孝宗對於養父中宗一直心存感激，因而總是儘量順從他的意願。主和派有高宗作靠山，便時時抬出高宗來壓制孝宗，氣焰更加囂張。同時，他們又極力鼓吹金強宋弱，只有求和才是良策。在這種情況下，孝宗的對金的態度開始左右搖擺，一旦金人表示願意與南宋繼續和談，他又不得不加以考慮。

有人說，高宗朝有恢復之臣，無恢復之君；孝宗朝有恢復之君，而無恢復之臣。宋孝宗的確是一個讓人感到惋惜的皇帝。高宗時，有那麼多好的忠臣良將，他不會用，致使國家仍然積貧積弱。到了孝宗時，皇帝行了，反而沒有了能大用的臣子。實在令人慨嘆！

孝宗不愧是太祖的後人，一反高宗時卑躬屈膝的投降路線，一心想恢復中原，他的這種積極進取，蓬勃向上的精神是值得稱道的。但是，在他的朝堂上，人才是那些匱乏：秦檜爲相十餘年，將朝中的主戰派迫害打壓殆盡。所以孝宗帥不過張浚這樣志大才疏之輩，將不過李顯忠，鄒宏淵。手下只有一個虞允文可堪大用，還要和主和派鬥爭。

孝宗也是個既倒楣卻又讓人同情的皇帝。孝宗爲人勤政，節儉，孝宗朝是南宋國力最強的時候。可惜孝宗碰上了小堯舜金世宗這樣的明君，金國雖然對宋採取守勢，但沒有內亂。宋和金此時屬於絕對的均勢，平衡沒有被打破。所以都無法消滅對方。相比兩宋的其他皇帝，孝宗更讓人同情些。

孝宗一朝，對外力圖中興恢復，最後卻徒勞無功；在內重新樹立起了皇權的威嚴，但吏治腐敗、民亂迭起的狀況卻沒有得到根本好轉。淳熙後期，孝宗已經深感力不從心，開始厭倦煩瑣的政事，打算讓位於太子，甩手不幹，但礙於太上皇高宗還健在，一時無法施行。淳熙十四年十月，高宗病逝，孝宗決定服喪三年，以「守孝」爲名退位。

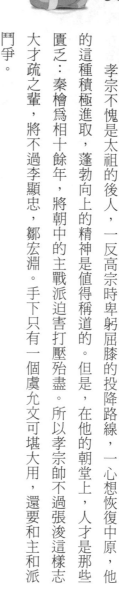

＊微歷史大事記＊

西元一一三二年，六歲的趙昚被高宗幸運地選中，收為養子。

西元一一六二年，宋孝宗趙昚即位。

西元一一六三年，宋進行隆興北伐，於符離之戰大敗。

西元一一六四年，隆興和議制訂，約為叔侄、改貢為幣、銀絹各減五萬。

西元一一七〇年，范成大作為「祈請使」出使金國。

西元一一七〇年，為岳飛建忠烈廟於鄂州。

西元一一七五年時，孝宗親自主持舉人考試。

西元一一七五年，朝廷選派使臣赴金求河南陵寢地。

西元一一八七年，宋高宗趙構逝世。

西元一一八九年，宋孝宗趙昚退位，成為太上皇。

第十二章　兩光昏帝宋光宗

宋孝宗皇后郭氏共生四子，長子鄧王趙愭，次子慶王趙愷，三子恭王趙惇（即光宗），四子很早就掛了。孝宗最先立趙愭為皇太子，但不久就因病掛了。按照禮法，慶王、恭王同為嫡出，當立年長的慶王為太子。然而，孝宗認為慶王秉性過於寬厚仁慈，不如恭王「英武類己」，決定捨長立幼，於乾道七年（一一七一）二月立恭王趙惇為太子，就是後來的光宗。

光宗趙惇四十三歲登基，僅僅過了兩年，就患上了精神疾病。光宗很昏庸，體弱多病，又沒有安邦治國之才，聽取奸臣讒言，罷免了辛棄疾等主戰派大臣，又由當時著名的妒婦，心狠手辣的李皇后來執政。朝政從宋孝宗時的清明轉向腐敗，宋光宗卻不思進取，沉湎於酒色之中，成了敗家子。

中國的皇帝經常受到詛咒，而詛咒者中，通常有他的兒子。原因是中國的皇帝都是終身制的，要是皇帝活得太長了，那他的下一代就要遭殃了，宋光宗就是「受害者」。宋高宗做太上皇時，已經在皇帝寶座上爽了三十六年，孝宗成太上皇時也爽了二十七年，只有光宗很不爽，即位時都四十三歲了，好不容易做了五年皇帝，就被逼著升級爲太上皇。

趙惇做太子時，裝得很老實，孝宗情緒好時，太子也「喜動於色」，反之則「愀然憂見於色」。孝宗常以詩作賜予太子，不斷提醒他繼承自己恢復故國之宏圖壯志，太子在和詩中也竭盡所能地拍孝宗馬屁，努力表現自己的中興大志。這種父唱子和，無疑使孝宗倍感欣慰，可趙惇即位後卻讓孝宗大跌眼鏡。

趙惇年過不惑，卻仍不見孝宗有將皇位傳給他的意向，終於有些耐不住了。一天，太子向孝宗試探道：「我的鬍鬚已經開始白了，有人送來染鬍鬚的藥，我卻沒敢用。」孝宗答道：「有白鬍鬚好，正好向天下顯示你的老成。」太子碰了軟釘子，從此不敢再向孝宗提及此事，轉而求助於太皇太后吳氏（高宗皇后），多次宴請太皇太后品嘗時鮮美味。

太子趙惇曾經通過太皇太后在某些場合向孝宗暗示，應該早點傳位給自己，但得到的回答卻是還須歷練。老爸威嚴強幹，又遲遲不肯放權，給趙惇心裏留下了陰影。

光宗上位後，覺得自己再也沒有必要裝出「孝子」的模樣來討孝宗的歡心了。即位之初，他還偶爾也會陪孝宗宴飲、遊賞，但是沒過多長時間，光宗便就把這檔子事「遺忘」了。

紹熙五年（一一九四年），宋孝宗生了病，宋光宗既不請人看病又不去探望孝宗，甚至孝宗病逝他也不服喪。因此，大臣韓侂胄和趙汝愚經過太皇太后的允許，逼迫光宗退位。光宗只好讓位於太子趙擴，自己閒居臨安壽康宮，自稱「太上皇」。趙擴主持完宋孝宗的葬禮，就登基做皇帝，是爲宋寧宗。

宋光宗患有精神障礙，這或許是出於某種遺傳，也可能是統治集團內部無休止的勾心鬥角，讓皇室成員的人格和心理不可避免地受到某種程度的損害。光宗的病態心理源於他對老爸的猜忌和對老婆的懼怕，在位六年間，他的病情不斷加重，最後不得不在四十八歲時退位。光宗在位時間雖短，卻在宋代歷史上寫下了極爲奇特的一筆。

紹熙初年，光宗獨自率宮中嬪妃遊覽聚景園。大臣們對此議論紛紛，責怪光宗不請孝宗，只顧自己遊玩。看到這樣的奏章，光宗很氣憤，恰逢此時孝宗遣宦官賜玉杯給光宗，光宗一生氣，沒握穩，不小心打碎了玉杯。於是宦官回到重華宮，將事情的經過掐頭去尾，添油加醋地說：「皇上一見太上皇賞賜，非常氣憤，連玉杯都摔碎了。」孝宗很不爽。

光宗取代了二哥趙愷，做了皇帝，孝宗卻寵愛趙愷之子，主張讓光宗立其爲太子。光宗時時感到恐懼和不安，在他看來，老爸不僅對嘉王的太子地位是個威脅，對自己的皇位，也是個潛在的巨大威脅。在別有用心的李后和宦官們不斷地離間挑撥下，這種恐懼感逐漸成爲光宗揮之不去的陰影，導致其心理和精神壓力越來越大，得了精神病，經常無端猜疑他人。

群臣因光宗不從勸諫，紛紛上疏辭職，回家種地，「舉朝求去，如出一口」，光宗統統下詔不許。丞相留正等大臣再三懇請光宗過宮探視孝宗病情，光宗不聽，拂衣而去。留正拉光宗的衣裾，苦苦進諫，光宗仍不爲所動，瀟灑地自回內宮，群臣只得慟哭而退。都城百姓對光宗的強烈不滿至此達到了頂點，在大街上公開罵光宗「不如豬狗」。

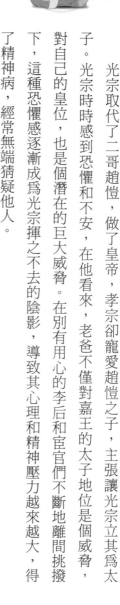

光宗經常找藉口不給老爸孝宗請安，後來他乾脆以孝宗的名義頒降免去過宮的詔旨。如此行爲無疑有損天子「聖德」，大臣們紛紛上奏勸諫光宗要盡人子之道。光宗有時心血來潮，去重華宮看望孝宗一次，沒多久就又「數月不過宮問安」。於是社會輿論四起，批判當朝天子的不孝之舉，而光宗依然故我，根本不理睬外間輿論。

一次，光宗在群臣苦諫下傳旨過宮，臨走時，李后從屏風後走出來，把光宗拉了回去，中書舍人陳傅良拉住光宗衣襟，一直跟隨至屏後。李氏呵斥道：「這兒是你來的地方？你們這些秀才要砍了驢頭嗎？」陳傅良只得大哭而出。李后在光宗身旁不斷的挑撥與阻攔，無疑加劇了其忌諱過宮的病態心理。在這種情況下，光宗的精神疾病注定無法治癒。

后妃奇葩——李皇后

光宗是個妻管嚴，很害怕妻子李皇后。一次，光宗洗手時，見端著盥盆的宮女雙手細白，不禁兩眼放光，不料被皇后看在眼裏。幾天後，李後派人送來一具食盒，光宗打開一看，裏面裝的竟是那個端盆宮女的雙手。一個宮女因爲手白而得到光宗的好感，李氏尚且不能容忍，對光宗寵愛的妃嬪，她更是欲除之而後快。

光宗做太子時，高宗曾賜給他一名侍姬黃氏，光宗即位後，黃氏晉爲貴妃，光宗很寵她。於是皇后李氏吃醋了，趁光宗出宮祭祀之機，把黃貴妃虐殺，然後派人告訴光宗，黃貴妃「暴死」。光宗明知是皇后下的毒手，但連質問皇后的勇氣都沒有。這一突如其來的打擊，直接導致光宗的精神徹底崩潰。

李氏一向對孝宗夫婦傲慢無禮。一次，孝宗皇后謝氏好言規勸她注意禮儀，她竟惱羞成怒，反駁道：「我是官家的結髮夫妻！」譏諷謝氏由嬪妃冊爲中宮，在場的孝宗火了，準備廢了她。孝宗廢后的警告對李氏來說，如芒刺在背。爲了保住鳳冠，她牢牢地控制著光宗，使其疏遠孝宗，只相信和依賴自己。

光宗的病情時好時壞，無法正常處理朝政，這正中李氏下懷。李氏開始爲娘家大撈好處，她封娘家三代爲王，讓侄子孝友、孝純官拜節度使，一次歸謁家廟就推恩親屬二十六人，一百七十二人授爲使臣。李家門客也都奏補得官。李氏外戚恩蔭之濫，是南宋建立以來所沒有的。李氏家廟也明目張膽地僭越規制，守護的衛兵居然比太廟還多。

一次宴會時，李氏立嘉王爲儲，孝宗沒說話，李氏竟然責問公公：「我是你們趙家家正式聘來的，嘉王是我親生的，爲什麼不能立爲太子？」孝宗大怒，拂袖離席。回宮後，李氏向光宗哭訴，說孝宗對光宗有廢立之意。光宗經過李氏這一番添枝加葉的挑唆，此後的一年多時間裏，再也不願去重華宮朝見孝宗夫婦了。

李皇后對迷信這一套很信賴。她平時召來各種術士「指點迷津」，以解除苦難，得到「安靜」。她聽算命的說自己將有厄難時，就在大內僻靜之處闢了一間精室，獨自居住，道妝事佛，以求神靈保佑自己平安度過難關。然而，平日作惡多端的皇后並未因此而心安理得，反而在生病時沒人照顧，孤寂地死去，受到了精神上的折磨。

潑婦李皇后掛了時，宮人們用蓆子包裹其屍體，準備抬回中宮治喪。半路上忽然有人大喊：「瘋皇來啦！」宮人們向來害怕遇見瘋瘋癲癲的光宗，一聽到喊聲，就丟下屍體跑了。過了很久，他們才知道是有人故意喊叫，再回去尋找李氏屍體時，屍體已在七月驕陽的曝晒下散發出陣陣刺鼻的惡臭。治喪時，宮人們只得雜置鮑魚，燃起數十餅蓮香，掩蓋臭味。

李氏是宋代后妃中的奇葩，她完全控制了老公光宗、大肆封賞外戚、蓄意製造皇帝父子對立，在兩宋歷史上是絕無僅有的。高宗一不小心選她做了太子妃，孝宗管不了她，而光宗生性懦弱，對於這位潑悍的皇后除了怕，還是怕，根本不可能制約其所作所爲；只有當新君寧宗即位後，她才隨著老公光宗的失勢而失去了往日的淫威。

冰糖葫蘆的由來

紹熙年間，趙惇最寵愛的黃貴妃病了，面黃肌瘦，不思飲食。御醫用了許多貴重藥品，也沒見啥效果。於是趙惇張榜求醫，一位江湖郎中揭榜進宮，爲黃貴妃診脈後說：「只要用冰糖與紅果（即山楂）煎熬，每頓飯前吃五至十枚，不出半月病準見好。」之後服用了此方的黃貴妃果然如期病癒了。這方子傳到民間後，老百姓把它串起來賣，就成了冰糖葫蘆。

宋光宗被動做了「太上皇」，長期拒絕接受寧宗的朝見，依然住在皇宮之中，不肯搬到爲太上皇預備的寢宮裏。光宗病情加重後，與他一同失勢的李氏一反常態，對光宗不再像以前那樣動不動就河東獅吼，反而有同病相憐之心。她唯恐觸動光宗脆弱的神經，反覆叮囑內侍、宮女，不要在光宗面前提起「太上皇」和「內禪」等敏感字眼。

趙惇「被太上皇」後，每次回憶在位時的事情，總要自言自語地咒罵，有時還會痛哭。西元一二〇〇年春，皇帝趙擴從郊外祭禮回來，鼓樂之聲傳入深宮。於是趙惇問左右發生什麼事，左右回答說是街上百姓在奏樂遊戲。趙惇大怒道：「你們這些奴才也如此欺騙我！」準備用一記老拳教訓一下左右，但沒站穩，跌倒在地，從此臥床不起。

南宗時，出現了一個有意思的事件：孝宗對不是自己親爸爸的高宗謙恭仁孝，而光宗對親爸爸孝宗卻一直懷著極大的疑懼和不信任。光宗在東宮當太子時，爲了穩定儲君的地位，對孝宗畢恭畢敬，堪稱「孝」子。但是，一旦登上皇位，當了國家的一把手，這親爺兒倆之間的矛盾便開始凸現出來，並在各種因素的作用下日益尖銳。可見，趙惇是個假孝子。

＊微歷史大事記＊

西元一一八九年二月十八日，光宗趙惇即位。

西元一一九〇，皇后李氏請立皇子嘉王趙擴為太子。

西元一一九四年，宋孝宗得病，宋光宗置之不理。

西元一一九四年，宋孝宗死，宋光宗不加理會；趙汝愚發動紹熙內禪，逼迫趙惇退位。

西元一一九五年，趙汝愚罷相；韓侂胄主政。

西元一二〇〇年九月十七日，光宗崩殂於壽康宮，享年五十四歲，後葬光宗於永崇陵。

第十三章 寧願窩囊宋寧宗

宋寧宗趙擴的繼位具有相當的戲劇性。當吳太皇太后宣布讓他即位時，他還沒有心理準備，連說：「做不得，做不得。」吳太皇太后急了：「拿皇袍來，老娘親自替他穿上。」趙擴急忙繞著殿柱躲避。吳太皇太后喝令趙擴站住，流著淚對他說：「你想大宋就此打住嗎？」韓侂胄也在一旁百般勸說，趙擴這才穿上皇袍，但嘴裏還喃喃自語：「使不得，使不得。」

宋寧宗趙擴是光宗和李皇后第二子，出生於恭王府邸。趙擴曾把自己的生日定為「天祐節」，後又改為「瑞慶節」。趙擴是屬老鼠的，原先，李皇后夢見一個大太陽墜落到庭院裏，自己用手承接它，之後便懷孕有娠。寧宗出生當天夜晚，祥光繞室。後來趙擴長大，把老爸的皇位給啃了。

宋寧宗繼位後，重用了使自己登上皇位的趙汝愚和韓侂胄兩位大臣，任命趙汝愚爲宰相，韓侂胄爲樞密院都承旨，冊立韓夫人爲皇后，韓侂胄由此得勢。韓侂胄自恃有功，希望能夠得到封賞。趙汝愚對他說：「我是宗室，你是外戚，不應論功求賞。只有下層人士，推賞一二便算了事。」韓侂胄聽了很不爽，這爲他日後排擠打擊趙汝愚埋下了伏筆。

寧宗時，與金朝的關係趨於緊張。宋寧宗不滿金朝蠻橫要求，也不滿自己受屈辱的地位，於是支持對金朝採取強硬的措施。開禧元年（一二〇五年）四月，宋寧宗採納韓侂胄的建議，崇岳飛貶秦檜，追封岳飛爲鄂王，削去秦檜死後所封的申王，改諡「謬醜」，下詔追究秦檜誤國之罪：「一日縱敵，遂貽數世之憂。」

宋寧宗能夠顧及民間疾苦，生活也很節儉。有一年元宵節，他獨自對著蠟燭清坐。太監勸他設宴過節，熱鬧一番，他說：「宮外百姓沒有飯吃，我能安心宴飲嗎？」宋寧宗平時在後宮走動，總是命令兩個太監背著寫有「少吃酒，怕吐」、「少食生冷，怕痛」兩架小屏風作爲前導。遇到妃子們勸他吃生冷食物和飲酒時，他就指指屏風加以拒絕。

趙竑被立爲太子時，權臣史彌遠聽說趙竑喜歡彈琴，就送了一個善於鼓琴的美女給趙竑，讓她監視趙竑。趙竑缺乏政治頭腦，非常寵愛這個與自己有著同樣愛好的女子，甚至將她視爲知己。這種引狼入室的愚蠢之舉，爲其日後的失敗埋下了伏筆。有美女間諜在自己身邊，史彌遠自然對趙竑的一舉一動都瞭若指掌。

趙竑對史彌遠專權非常不滿，曾書「史彌遠當決配八千里」，他還指著壁上地圖中的瓊崖說：「我今後要是得志，就要把史彌遠發配到這裏。」這一切都被史彌遠送去監視趙竑的侍女看在眼裏。史彌遠聽後非常害怕，於是開始羅織趙竑的短處，經常向皇帝說趙竑的不是。

嘉定十七年（一二二四年）八月，史彌遠乘寧宗病危，矯詔立貴誠爲皇子。宋寧宗病死後，史彌遠和楊皇后召趙昀入宮，在宋寧宗靈柩前即皇位，並由楊皇后垂簾一同聽政。趙竑在愕然之中，見到了新皇帝登基，百官朝拜。趙竑認爲當皇帝的應該是自己，因此不肯朝拜，結果被別人強摁著頭下拜。趙竑被封爲濟陽郡王，後來又被封爲濟王，出居湖州。

湖州的潘壬、潘丙兄弟聯絡義軍首領李全，在湖州準備起義，立趙竑爲皇帝，結果被李全耍了。潘壬、潘丙兄弟只得假冒李全軍隊造反，在夜裏殺入湖州城，以武力脅迫趙竑穿上黃袍。趙竑一看這群「大軍」只有幾百個漁民，趕緊跟朝廷報告了潘氏兄弟的情況，但還是在湖州被史彌遠派出的人害死。

趙擴是光宗獨生子，自幼受到良好的教育。光宗即位後，不僅將自己在東宮時收藏的圖書全部賜予他，還親自挑選了一批名儒給他做家教。趙擴學習也非常勤奮。他即位初，對彭龜年說：「朕讀的書太少了，打算把講官增置到十名，每人各專講一書。」他選定的講官中，既有原嘉王府的黃裳等人，也有他仰慕已久的大儒朱熹，堪稱極盡一時之選。

宋寧宗是一個好學偏又無能的君主。儘管寧宗好學，但他只注重數量不注重汲取營養，理政能力很差勁。即位不久，群臣的奏疏就因得不到他的及時批覆而堆積如山。彭龜年手把手地教導他，他卻嫌麻煩，最終沒有採納。凡是大臣的奏章，他一律批「可」，於是臣下們抓破了頭皮：兩位大臣的奏章針鋒相對，皇上都批了「可」，到底以誰爲是呢？

寧宗每次面見群臣，即使群臣所奏連篇累牘，他都耐心聽取，但這並不能幫助他解決實際問題。寧宗既沒帶腦子也沒帶嘴，空帶了一對耳朵去上朝。大臣們的論奏聽完了也就完了，既不表態，也不決斷。

寧宗腦子不夠用，當時權臣經常勾結宦官和後宮操縱朝政。一次內廷宴會，一名伶人扮演買傘的顧客，挑剔賣傘者，說雨傘只油了外面：「如今正（政）如客人賣傘，不油（由）裏面。」暗指政事不由內（寧宗）做主，而觀眾寧宗卻不知道人家是在罵他。有這樣的皇上，權臣自然是有恃無恐，更加肆意妄爲了。

寧宗對政事少有自己的主見，但他對台諫的意見卻是十分重視。寧宗嚴格遵循祖宗之法，曾對人說：「台諫者，公論自出，心嘗畏之。」殊不知，只有正直的士大夫入選台諫，才能使台諫發揮正常、良好的作用。寧宗缺乏辨別人才的能力，因而居心叵測之輩可以大肆引薦黨羽進入台諫，控制言路。至於台諫官到底是君子還是小人，寧宗不聞不問。

寧宗對民間疾苦很關心。即位前，他護送高宗靈柩去山陰下葬，路上見到農民在田間汗滴禾下土的場景，感慨地對左右說：「平常在深宮之內，怎能知道勞動的艱苦！」即位後，寧宗幾乎每年都頒佈蠲免各種賦稅的詔書。在個人日常生活上，寧宗力行節儉，平時穿戴樸素，並不過分講究，飲食器皿也不奢華，酒器都是以錫代銀。

關於寧宗的死因，至今仍是一個未解之謎，相關史料沒有交代寧宗身患何病。儘管此事難以查明，但還是留下了蛛絲馬跡，《宋史》援引鄧若水的奏章，明確指出寧宗並非壽終正寢，而是被謀害的，這是史彌遠急於廢立的結果。另據《東南紀聞》記載，寧宗病重時，史彌遠獻金丹百粒，寧宗服用後不久去世。看來史彌遠毒殺寧宗的嫌疑相當大。

時人評價寧宗在位期間，「無聲色之奉，無遊畋之娛，無耽樂飲酒之過，不事奢靡，不殖貨利，不行暴虐，凡前代帝王失德之事，陛下皆無之」。其中雖然有臣下對皇帝的溢美成分，但相比許多貪圖享樂、不顧百姓死活的君主，寧宗當得起這一評價。只可惜他有德無才，在位三十年間被權臣和後宮控制，成為了坐在龍椅上的一具傀儡。

Q 開禧北伐

宋朝軍隊對金朝不宣而戰，發起了「開禧北伐」。開戰初期，宋軍收復了一些地方，但由於金朝事先得到了風聲，覺察到南宋「將謀北侵」，做好了準備，在遭到進攻後，立即進行了反擊。不久，宋朝軍隊由進攻轉為防守。在金軍的大舉進攻之下，真州（今江蘇儀征）、揚州相繼被金軍佔領。這場戰爭於第二年以宋朝戰敗而結束。

宋金和談時，蕭山縣丞方信孺是南宋派出的談判代表。方信孺不僅能言善辯，而且在金人面前威武不屈。金人將他投入監獄，斷絕飲食，並以殺頭相威脅，要求他答應金朝提出的割地賠款、縛送首謀等五個條件。方信孺不幹，金朝將領威脅說：「你不想活著回去嗎？」方信孺說：「我奉命出國門時，已將生死置之度外。」金人只好將方信孺放回。

楊皇后和史彌遠是貽害南宋的絕妙組合，兩人內外勾結，禍害當時朝政。楊皇后在史彌遠登上權力巔峰的過程中，起到了舉足輕重的作用。如缺少她的鼎力支持，史彌遠一次次的陰謀活動不會進行得如此順利。楊皇后爲了自身利益，勾結史彌遠，致使他有恃無恐，專政長達二十五年之久，對南宋後期政治產生了極其惡劣的影響。

韓侂胄是寧宗登上皇位的大力支持者，寧宗繼位後，韓侂胄被任命爲國務院總理，出任宰相、平章軍國事，集大權於一身。慶元三年（一一九七年）二月，慈福皇后將西湖長橋南面的南園賜給韓侂胄。韓侂胄就大興土木，建造別墅，按其地形建造園林亭榭，整得相當豪華。南園規模宏大，其中「竹籬茅舍，宛然田家氣象」，要三天才能遊遍。

韓侂胄結黨營私，利用台諫控制言路，排擠賢相趙汝愚。爲人正直的趙汝愚遭到誣陷，被罷去相位，宋寧宗給了他一個面子，讓他出任福州知府。但韓侂胄一夥又將趙汝愚貶到永州（今湖南零陵）安置，最後趙汝愚死在貶謫的路上。這件事在朝廷中引起了很大回響，許多大臣和太學生爲趙汝愚抱不平，結果都被貶斥或送到五百里以外編管。

韓侂胄曾經爲了撈取政治資本，採取了一次軍事上的冒險行動——「開禧北伐」。由於實行黨禁，逼走趙汝愚，韓侂胄在政治上失了人心。當時金朝的情況不太妙，金主璟沉湎酒色，朝政荒蕪，北邊部族又屢犯金朝邊境，士兵疲敝，國庫日空。於是韓侂胄認爲有機可乘，把恢復故疆、報仇雪恥作爲建立功業的途徑，作爲爭取人心、提高威望的一種手段。

韓侂胄聽取從金營中談判回來的宋使方信孺的彙報，當方信孺彙報了割兩淮、增歲幣等金人提出的四項條件以後，變得欲言又止。韓侂胄問：「還有什麼？」方信孺說：「我不敢說。」韓侂胄逼問，方信孺只得如實相告：「是要太師的人頭。」割地賠錢無所謂，竟然還要老子的頭！於是韓侂胄遷怒於方信孺，奪去他三級官階，將其貶到臨江軍居住。

韓侂胄曾經阻撓楊氏爲后一事，楊氏一直耿耿於懷，伺機報復。韓侂胄北伐，楊皇后從一開始就不贊同，等到北伐遭到嚴重挫折，她便和皇子趙曮聯合起來，竭力向寧宗斥責韓侂胄輕啓兵端，禍國殃民。之後，楊皇后通過楊次山，找到了與韓侂胄素來不和的史彌遠；史彌遠也正在尋找攫取權力的靠山和內應，二人密謀整死了韓侂胄。

開禧三年（一二〇七年）十一月，韓侂胄在上班途中，被殿帥夏震派出的將士挾持，殺死於玉津園中。韓侂胄死後，史彌遠立即派人把這一消息告訴了金朝，並以此作為向金朝求和的砝碼，把人頭送到一千一百公里外的金帝國首都中都（北京），懸掛於街頭，訂立了屈辱的《嘉定和議》。韓侂胄死後，宋寧宗對大臣說：「恢復是美事，可惜我力不從心啊！」

韓侂胄的祖先是北宋名臣韓琦，但他有韓琦的果斷，卻沒有韓琦的情操。他曾經把「道學」定義為「偽學」，還把趙汝愚、朱熹等人定義為「逆黨」。他不僅對那些逆黨人士進行處罰，還對跟逆黨沾點邊的人實行高壓政策，不許他們當官，不許他們參加科舉考試。於是，在韓侂胄大權在握的那些年裏，考生答卷其他都可以忘了寫，「本人是良民」不能忘了寫。

韓侂胄執政的時候，他家門庭若市。吏部尚書許及之由於馬屁拍得不到位，兩年沒有得到升遷。韓侂胄過生日時，他備厚禮去祝壽，不料人太多門不讓進，不得不鑽狗洞進去……等客人散後，許及之單獨留下，向韓侂胄跪著痛哭流涕，說自己不能向皇上，特別是韓侂胄盡忠心。韓侂胄感動得說：「放心吧，機會會有的。」果然不久，許及之升為同知樞密院事。

韓侂胄權傾天下，連燕王趙德昭的八世孫趙師擇，也得巴結他。在一次韓侂胄過生日時，趙師擇給韓侂胄一粟金葡萄小架，上面綴飾大號珍珠一百多顆，讓爭相進獻奇珍異寶的文武百官頓時萎靡。在聽說有人送四顆北珠給韓侂胄，不夠韓侂胄給十四個愛妾分的時候，趙師擇出錢十萬緡買來北珠，製成十冠獻給韓侂胄，得以升爲工部侍郎。

韓侂胄在南園宴請賓客，南園裏有一個人造山莊，情趣天然，他便帶領大家到那裏觀賞。只見竹籬茅舍，一片農家景象。韓侂胄有點惋惜地對趙師擇說：「這裏真是田舍間氣象，風景好啊，但是美中不足，要是有點犬吠雞鳴就好了。」不一會，大家突聽有犬嗥聲傳來，一看，是趙師擇在學狗叫，韓侂胄不由捧腹大笑。

錢塘縣令程松想要升官，就送給韓侂胄一個小妾，這本來很平常，可是不平常的是，他把小妾的名字改成了自己的名字。韓侂胄受到這份「禮物」後很驚訝，程松就恭恭敬敬地解釋說：「我想讓我這個賤名經常記在您的心中。」真是夠賤，賤得日月都無光了，韓侂胄聽到這注定要爆紅的雷人之語，當場震駭，隨即興奮異常，重重賞之。

北伐失敗後，韓侂胄很煩惱。於是家裏人就找來伶人給他演戲解悶：戲裏面有樊遲、樊噲、樊惱「三兄弟」，有人問樊遲：「誰給你取的名字啊？」樊遲是孔子學生，所以說是孔子取的；該人又問樊噲，樊噲是劉邦的大將兼親戚，所以說是劉邦給取的；最後問到樊惱，樊（煩）惱說是自己給自己取的。看了這齣戲，韓侂胄終於知道了什麼是自取煩惱。

寧宗很寵愛曹妃，韓侂胄就把老臉貼上去，說據考證自己跟曹妃有親戚關係，這種厚臉皮的事之後成了人們的飯後笑料，有人就諷刺他說：「大宋也有個山寨『楊國忠』。」還有人別出心裁，夜裏加班搞出了一堆反動小冊子。小冊子上畫了幾隻烏賊，又畫了些潮水。有人拿著小冊子到大街上去發放給小孩子們看，並教他們念：滿潮（朝）都是「賊」。

史彌遠曾經在楊皇后的支持下，派兵埋伏在韓侂胄上班的路上，將之挾持到玉津園夾牆內活活打死。宋寧宗聽說韓侂胄被截的消息後，急忙寫手諭赦免韓侂胄，不料被楊皇后勸阻。後來宋寧宗得知韓侂胄身死的消息後，竟然不相信，事情過了三天，還堅持說韓侂胄沒有死。群臣這才知道韓侂胄之死並非宋寧宗的詔旨，而是史彌遠和楊皇后搞的鬼。

之後史彌遠和楊皇后二人往來更加密切，一內一外操縱著寧宗。楊皇后時刻在寧宗身邊，早已摸透了寧宗的脾氣秉性。寧宗崇尚節儉，楊皇后也在飲食衣服上儘量樸素。寧宗體弱多病，楊皇后就精心照顧他，甚至連他服什麼藥都能推測得八九不離十。因為楊皇后對自己體貼入微，又早長自己六歲，寧宗對她不只是愛戀，還有依賴。

寧宗得了痢疾時，御醫入宮診治，御醫剛把了脈，問了症狀，還沒有開方子，楊

皇后就在御榻後發問了：「官家吃得感應丸否？」御醫連連答道：「吃得，吃得。」楊皇后說：「須多給官家吃些。」皇后居然也解醫道，御醫驚詫不已，回答說：「可進兩百丸一次。」寧宗第一次服了兩百丸感應丸，病情略止，再服一次，病情果然痊癒。

楊皇后生過皇子，但沒有存活。寧宗養育的皇子趙曮雖不是楊皇后親生，但母子間的關係還不錯。他們曾經共同反對過韓侂胄，在趙曮被正式立爲太子的過程中，楊皇后也是鼎力支持。爲了答謝楊皇后，趙曮做太子後，給寧宗上書，列舉她對自己的深厚恩情，不遺餘力地頌揚皇后的種種美德。對於趙曮的知恩圖報，楊皇后十分滿意。

史彌遠發動宮廷政變，準備廢趙竑，立趙貴誠爲帝，但必須爭取楊皇后的支持。史彌遠指使楊次山之子楊谷、楊石入宮面見楊皇后，將廢立之事轉告給她。楊皇后一開始還不同意，但楊谷兄弟再三請求，最後跪在她的面前說：「太后，您要是不答應，我們也沒法活了啊！」哭訴時，楊皇后顧及到自己以後的權位，最終向史彌遠的廢立陰謀屈服。

西元一二〇七年，四川宣撫副使，兼陝西、河東招撫使吳曦叛亂，這是宋朝歷史上少有的地方軍事首腦作亂事件。吳曦的祖父輩吳玠等都是有名的戰將，世代在四川一帶掌握兵權，勢力很大，人稱「吳家軍」，朝廷都治不了他們。吳曦的老爸吳挺死後，朝廷想不讓吳曦接任，但派去的長官都「莫名其妙」地死了，沒辦法只能讓吳曦去收拾部隊。

趙汝愚被逐後，有個叫呂祖泰的小官跳出來打抱不平，請求皇帝殺了韓侂冑，但遭到封殺，被發配到欽州坐大牢。欽州長官趙善堅是皇室子弟，親自去審問呂祖泰：「你是不是受別人指使的？」呂祖泰說沒有，趙善堅就罵他：「那你爲什麼還要幹這麼喪心病狂的事！」呂祖泰說：「幫韓侂冑幹壞事才是喪心病狂！」趙善堅說不過他，就要動刑，呂祖泰大喊：「我可是爲了你們趙家的江山在受苦！」說得趙善堅都不好意思打他了。

＊微歷史大事記＊

西元一一九五年，寧宗趙擴被韓侂冑等人扶上皇位。

西元一一九七年，韓侂冑發起慶元黨禁，理學遭到迫害。

西元一二〇〇年，趙惇逝世；朱熹逝世。

西元一二〇六年，韓侂冑發動開禧北伐，小勝後敗。

西元一二〇七年，韓侂冑被殺，史彌遠上臺；辛棄疾逝世。

西元一二一〇年，陸游逝世。

西元一二一四年，金朝遭到蒙古進攻，南遷汴梁。南宋從此拒付歲幣。

西元一二一七年，金宣宗拓地南宋，失敗。

西元一二三一年，南宋和蒙古展開外交接觸，共同對付金朝。

西元一二三四年，宋金恢復和平；南宋進入通貨膨脹時期；

西元一二二四年九月十七日，寧宗崩殂於福寧殿，享年五十七歲。

第十四章 理學大成宋理宗

宋理宗本不是皇子，只是南宋皇室的一個親戚，他是趙匡胤之子趙德昭的九世孫。他的前任宋寧宗死後，宰相史彌遠矯詔廢太子趙竑，立貴誠，做了皇帝。宋理宗早年同娶謝道清和賈涉之女，因賈小姐容貌傾城而專寵賈氏。後因楊太后和大臣的緣故，立謝道清為謝皇后，掌管中宮。後賈氏因病逝，又獨寵於閻貴妃，一生無子。

趙與莒是理宗的曾用名，權臣史彌遠處心積慮地要廢掉趙竑，委託門客余天錫物色一位賢良的宗室子弟來替代趙竑。後來余天錫將趙與莒舉薦給史彌遠，史彌遠便派人將孩子接到臨安，親自考察。趙與莒相貌端正，史彌遠一見就大為驚奇。史彌遠讓趙與莒寫字，趙與莒竟然寫下「朕聞上古」四字，史彌遠不禁萬分感慨：「此乃天命！」

寧宗死後，史彌遠帶原太子趙竑到寧宗柩前舉哀，隨後召集百官朝會，聽讀遺詔，仍引趙竑到以前的位置。趙竑非常納悶，夏震騙他說：「未宣讀先帝詔命以前還應該在此，宣讀以後才即位。」趙竑以爲有理，轉頭卻發現燭影中已經有一個人坐在御座上。遺詔宣布趙昀爲帝，趙竑才知道自己被忽悠了。

理宗的曾祖和爺爺均無官職，老爸趙希瓐也不過是一個九品縣尉。因此，趙昀雖屬趙宋皇室，但社會地位並不高，跟平民差不多。他還有一個弟弟趙與芮。兄弟二人年紀很小的時候，老爸就去世了，全氏無力撫養孩子，回到娘家寄居。趙與莒的舅舅是當地的保長，家境尚好，趙與莒兄弟二人就在全家長大。

理宗即位時，已經二十歲，但史彌遠仍然要楊皇后垂簾聽政。楊皇后已徹底瞭解史彌遠爲人的陰狠詭詐，大概也在後悔自己養虎貽患，以致釀成今日權臣專政、尾大不掉的局面，所以不敢再戀位貪權，垂簾聽政還不到一年，便於寶慶元年（一二二五）四月主動還政給了理宗。然而，楊皇后醒悟得太遲了，南宋朝政衰頹之勢已經難以逆轉了。

史彌遠將趙與莒兄弟接到臨安，找到當時的名儒鄭清之，私下對他說：「皇子趙竑不能擔當大任，聽說趙與莒很賢良，你要好好教導他。事成之後，我現在的位置就是你的了。但此事不能洩露，不然，你我都要滿門抄斬。」鄭清之答應了，盡心教育趙與莒，曾拿出高宗的字畫讓趙與莒臨摹，並在史彌遠面前極力稱讚趙與莒的「不凡」之處。

史彌遠向寧宗建議增立趙昀爲皇子，寧宗雖對趙竑不滿，但兩個都非親生的「皇子」同時存在，終歸不是件好事，更何況以血緣關係而論，趙竑才是自己的親侄子，因而沒有同意史彌遠的建議。真德秀聽說了史彌遠的舉動，擔心招致殺身之禍，辭去了趙竑老師的職位。趙竑失去了一個重要的謀臣，在與史彌遠的鬥爭中更加孤立無援。

寧宗病重時，史彌遠派鄭清之赴沂王府，向趙昀表明擁立的意思，但趙昀始終不發表意見。最後，鄭清之說：「我和丞相交往已久，所以讓我擔任你的心腹。現在你不說話，我怎麼覆命？」趙昀這才拱手答道：「紹興老母尚在。」這一回答看似答非所問，卻表明了自己想做皇帝的意願，不失穩重。鄭清之回報史彌遠後，兩人讚嘆趙昀「不凡」。

寧宗死後，寧宗楊皇后和權臣史彌遠暗中擁立趙昀爲繼承人。史彌遠遣宮使去接皇子，臨行前命令：「現在宣的是沂靖惠王府的皇子（指趙昀），不是萬歲巷的皇子（指趙竑），如果接錯了，你們都要處斬。」此時，趙竑已經得知寧宗去世的消息，正在等人喊他入宮，可是宮使過門而不入，過了一會兒，宮使又簇擁著一個人匆匆而去，殊不知這是趙昀被接進了宮。

宋理宗繼位的前十年都是在權相史彌遠挾制之下，對政務完全不過問，一直到一二三三年史彌遠死後，宋理宗才開始親政。親政之初，理宗立志中興，採取了罷黜史黨、親擢台諫、澄清吏治、整頓財政等改革措施，史稱「端平更化」。但執政後期，朝政相繼落入丁大全、賈似道等奸相之手，國勢急轉直下。

寶慶、紹定年間，史彌遠把持朝政，獨斷專行，他的黨羽幾乎控制了從中央到地方的所有重要職位。儘管史彌遠權勢熏天，仍然不斷有忠義之士不畏權勢，上書指斥其專權擅政。理宗意識到，自己與史彌遠是拴在一條繩上的兩隻螞蚱，已形成一榮俱榮、一損俱損的關係，否定史彌遠就等於否定自己繼位的合法性，因此他一直對史彌遠優容袒護，褒寵有加。

理宗皇后謝道清很有政治才能。開慶元年，蒙古軍隊大舉南下，包圍鄂州（今湖北武昌），大有一舉幹掉南宋的架勢。南宋政府陷入慌恐之中，宦官董宋臣向理宗建議，從臨安遷都到四明（今浙江寧波），避一避風頭。謝道清堅決反對遷都，她說：「如果遷都，軍心民心必然動搖，後果不堪設想。」而這最終避免了南宋政府的不戰自潰。

謝道清在參加皇后大選時，宋理宗趙昀一眼看中了賈小姐，但身爲太后的楊桂枝卻擁有一票否決權，結果謝道清順利入選，賈小姐在理宗渴望的眼神中落選。謝道清雖然貴爲皇后，在床笫之爭上卻始終競爭不過賈貴妃。賈貴妃死後，閻貴妃又因漂亮而受寵幸。宋理宗趙昀甚至還跑出去尋花問柳，把臨安名妓唐安安叫進宮來。

謝道清出生之前，她老媽毛氏有一次在爲正房洗腳時，偶然說起：「我晚上夢見五色霞光罩體。」結果正房用腳猛踩其背，還諷刺說：「你這是要生皇后嗎？」謝道清出生之後，長得很黑不說，還有眼病，幾乎沒有成爲皇后的可能。後來謝道清被召入宮，在前往臨安的路上皮膚變白，一下子從醜小鴨變成美女，眼病也治好了，做了皇后。

宋理宗很寵愛自己的女兒周漢國公主，甚至在婚姻問題上也任由其自己選擇。理宗趙昀爲自己的女婿定下了一個標準：「狀元之才」，將選駙馬與當年的科舉考試掛鉤。考官丁大全爲了諂媚皇帝，特意挑了一個長得帥的，內定爲狀元。結果周漢國公主卻嫌丁大全挑的這位太老，結果婚事不了了之。其實公主真正中意的是自己的名義上的表哥楊鎮。

政壇三巨頭

理宗即位時，南宋政治舞臺上出現了「政壇三巨頭」，即以理宗爲代表的皇權、以楊太后代表的后權和以史彌遠代表的相權。楊太后對理宗繼位現實的承認，換來了理宗登基後自己垂簾聽政的地位。聯想理宗、史彌遠在廢立過程中的毒辣手段，楊太后的娘家人都勸楊太后金盆洗手，陳說厲害，勸其撤簾。於是楊太后垂簾七個月後隱退，三足鼎立之勢告吹。

寶慶元年上元節，理宗設宴恭請楊太后，席間一枚煙花徑直鑽入楊太后椅子底下，楊太后大驚，「意頗疑怒」，然後拂衣而去。理宗隨即聚集百官謝罪，並要處罰安排宴會的內侍，楊太后笑著說：「難道他特地來驚我，想來也是不小心，赦免了他吧。」於是母子和好「如初」。但楊太后卻把它與自己的垂簾聯繫起來，以爲這是理宗要自己撤簾的警示。

理宗十八歲才被史彌遠帶到京城，在朝中毫無根基，沒有任何政治勢力與威望。其得以登上帝位，全靠史彌遠扶植。理宗很清楚，要想鞏固來得名不正言不順的帝位，必須要有史彌遠的支持。皇子趙竑的遭遇，更使理宗目睹了史彌遠翻雲覆雨的手段。基於這種考慮，理宗很快就將政事完全交給史彌遠處理，自己心甘情願地當起了宅男。

史彌遠病重不治後，理宗封其爲衛王，謚忠獻，公開宣布「姑置衛王事」，即將史彌遠的事情擱置起來，禁止臣僚攻擊史彌遠的過失。理宗雖對史彌遠曲加維護，卻毫不留情地剪除其黨羽。史彌遠的得力助手「三凶」首先被貶斥出朝。「三凶」指台諫官梁成大、莫澤、李知孝三人，端平元年六月，理宗將三人流放，追奪官爵。

理宗曾向宰相吳潛表示要立趙禥爲太子，吳潛上奏說：「臣沒有史彌遠那樣的才能，忠王恐怕也沒有陛下那樣的福分。」吳潛此話，一語雙關，不但反對立趙禥爲太子，而且觸及到理宗與史彌遠陰謀篡位的痛處，讓理宗十分尷尬，卻無言以對，心裏恨得牙癢癢，有了罷免吳潛的意思。

理宗任用了一批賢良之士，深孚眾望的真德秀、魏了翁被請回朝廷任職。理宗吸取史彌遠專權的教訓，在選擇宰相時非常謹慎。理宗在更化期間任用過三十七名宰執，大多皆是一時之選。在這些人的主持之下，這一時期的朝政較爲穩定。之後理宗重新將選拔台諫官的權力收歸皇帝，任用的台諫官，大多立論忠直，能勝任這一工作。

理宗在更化期間，用人唯賢，一時朝堂之上，人才濟濟，政風爲之一變。因此，時人將「端平更化」稱爲「小元祐」。不過，「端平更化」雖然聲勢很大，但並沒有改變南宋走向衰落的現實。理宗雖然網羅了不少賢良之士，但他們「所請之事無一施行」，朝令夕改，最終無所建樹。因此，「端平更化」更多體現出的是理宗欲求有所作爲的一種態度。

南宋中後期，蒙古在北方地區迅速崛起，成爲繼遼、西夏、金之後，又一對宋朝構成巨大威脅的少數民族政權。面對急劇變化的局勢，宋朝內部就對外政策產生了爭議。一些人出於仇視金朝的情緒，主張聯蒙滅金，恢復中原；另一部分人則相對理性，援引當年聯金滅遼的教訓，強調唇亡齒寒的道理，希望以金爲屏障。宋理宗支持前一種。

宋蒙聯手滅金時，並未就滅金後河南的歸屬作出明確規定。金亡以後，蒙軍北撤，河南空虛。後來趙範等人建議理宗收復三京。剛剛擺脫史彌遠控制，得以「赫然獨斷」的理宗，面對此種「大好時機」，屢屢發出「中原好機會」的感嘆，頭腦一熱，作出了出兵中原的決定，結果被蒙古大軍擊敗。理宗不得寫下檢討書，檢討自己的過失，以安定人心。

理宗五十多歲時，逐漸喪失了當初勤政圖治的銳氣，怠於政事，沉迷於聲色犬馬，給了後宮女子參與國家政治的機會。閻妃是理宗晚年最寵愛的妃子。理宗對閻妃賞賜無度，動用國庫爲其修功德寺，甚至修得比自家祖宗的功德寺還要富麗堂皇，時人稱之爲「賽靈隱寺」。閻妃在理宗的寵愛下，驕橫專恣，干權亂政。

理宗後期，朝廷出現了一批竊威弄權之徒，使朝政大壞。董宋臣是理宗的貼身內侍，善於拍馬屁，很得理宗的歡心。理宗去禁苑賞荷花，苦於沒有涼亭遮日，於是董宋臣在一天之內修建了一座涼亭，理宗十分高興。冬天，理宗又去賞梅，董宋臣事先在梅園建造了一座亭子，理宗責備他勞民傷財，董宋臣說自己不過是把荷亭移到這裏，理宗便大讚他辦事得體。

理宗晚年好女色，三宮六院已滿足不了他的私欲，董宋臣引臨安名妓唐安安入宮淫樂。起居郎牟子才上書勸誡理宗：「這樣搞會壞了陛下三十年自修之操！」理宗卻讓人轉告牟子才不得告知他人，以免有損皇帝的形象。姚勉以唐玄宗、楊貴妃、高力士爲例勸誡理宗，理宗竟然恬不知恥地回答：「唐明皇那敗類能跟我比？」

唐安安是臨安名妓，那容貌歌舞，自然沒得說。宋理宗一見面就把魂丟了，把她留在宮裏，寵幸非常。唐安安也仗著宋理宗的寵愛，過起了豪奢的生活。唐安安家中的用具，上到妝盒酒具，下到水盆火箱，都是用金銀製成的；帳幔茵褥，也都是綾羅錦繡；珍奇寶玩，更是不計其數。

有一次，理宗召來一大群娼妓進皇宮。侍郎牟子才上疏進諫理宗，並說：「這都

是董宋臣在引誘陛下。」理宗不聽，牟子才又畫了一張《高力士脫靴圖》獻上。董宋臣見了大怒，哭著對理宗挑撥說：「牟子才這是在指鹿爲馬啊！」理宗從此不再重用牟子才。

理宗曾經對專權的閻、馬、丁、董「四人幫」進行大清洗。寶祐五年六月，馬天驥任執政剛剛八個月就被罷免。開慶元年（一二五九），蒙古入侵，丁大全由於隱瞞軍情，被罷免了宰相職務，在眾人的論劾之下，理宗將其流放海島，途中被押送官畢遷擠落水中淹死。閻貴妃也於景定元年（一二六〇）病逝。宦官董宋臣因爲會拍馬屁得以善終。

南宋國策的失誤，主要是由於宋理宗昏庸無能和不辨忠奸造成的。在南宋聯合蒙古滅金時，就有許多朝中大臣勸告宋理宗，吸取北宋前車之鑒，可是理宗就是不聽。金朝滅亡之後，蒙古軍隊果然開始入侵宋。西元一二五一年底，蒙古大汗蒙哥進攻合州，宋朝知州王堅頑強抵抗，蒙哥中箭身亡，蒙古只好退兵。但王堅卻被排擠，憂憤而死。

宋理宗時，農業稅高得要死，甚至還提前六七年就徵收。土地兼併，激起農民群眾的強烈反抗，起義鬥爭此起彼伏。在江西，農民起義軍打擊官吏和地方豪強勢力，多次殺掉宋理宗派來的勸降使臣；浙江農民起義，反對地主用大斗收租；福建農民起義聲勢浩大，地方官吏望風而逃。農民起義沉重地打擊了南宋的統治，使南宋王朝走向滅亡之路。

理宗病重時，曾下詔徵求全國名醫為自己治病，但無人應徵。理宗病逝，死後葬於會稽附近的永穆陵。他死後不過十五年，陵墓便被一個叫楊璉真珈的僧人盜發。理宗的屍體因為入殮時被水銀浸泡，盜墓者就把其屍體從陵墓中脫出，倒懸於陵前樹林中以瀝取水銀；隨後將理宗頭顱割下，並製作成銀器，送交北京大都元朝統治者，軀幹則被焚毀。

究竟有沒有天理？

宋寧宗時的權臣韓侂胄很霸道，很讓「滅人欲」的理學家們看不起。於是韓侂胄索性把理學定為「偽學」，規定凡是「偽學」中人，一律不能做官。大小官員在寫述職報告時，要多加上一句「不是偽學黨中人」，此事史稱「慶元黨禁」。宋理宗親政後，為了勵精圖治，在朝野上下掀起了一股尊崇理學的風氣，一時間理學很是流行。

理學家學問的要義在「存天理，滅人欲」，上書彈劾秦檜被貶到海南的義士胡銓，晚年回到京城時，看到一個歌女臉上的酒窩很可愛，情不自禁地讚賞了幾句。朱熹爲此特地做詩一首：「十年浮海一身輕，歸對梨渦卻有情。世上無如人欲險，幾人到此誤平生。」責備忠臣義士老來爲一個歌女動情，實在是修養不夠，「人欲」滅得不徹底。

朱熹四歲時，他老爸指天對兒子說：「這是天。」朱熹問了一句：「天的上方有什麼？」其父大驚。朱熹勤於思考，學習長進，八歲便能讀懂《孝經》，既熱衷於道學，於佛學也有濃厚興趣。朱熹參加鄉貢，據說就是以佛學禪宗的學說被錄取的。主考官蔡茲還對人說：「我錄取了一個後生，三策都是欲爲朝廷措置大事，他日肯定不同尋常啊！」

朱熹從小跟著父親朱松學習。相傳朱松曾經求人算命，算卦的說：「富也只如此，貴也只如此，生個小孩兒，便是孔夫子。」朱熹是理學的集大成者，中國封建時代儒家的主要代表人物之一。他的學術思想，在中國元明清三代，一直是封建統治階級的官方哲學理論。他一生雖然談不上有錢，但也不能說是貧困，大體處於小康水準。

朱熹提出了「存在理，滅人欲」的人類行爲準則，認爲只有去發現和遵循天理，才是真、善、美，所以要去「人欲」。淳熙三年（一一七六年），朱熹與當時著名學者陸九淵相會於江西上饒鵝湖寺交流思想。但陸屬主觀唯心論，朱熹是客觀唯心說，因此，二人辯論爭持，互相嘲諷，最後不歡而散。這就是中國思想史上有名的「鵝湖會」。

朱熹在考中進士的五十年裏，在外地做官有二十七年（古代官吏三年一考績，九考則為二十七年），在朝中做官才四十天。那時他家境貧寒，以至常常斷糧，但他卻很淡然。有的學生從遠方趕來向他請教，他就用豆飯藜湯來招待，並和他們一起吃飯。朱熹常常需要開口向別人借錢以維持生活，但是，對於不合道義的錢，卻一分不取。

朱熹曾經說：「豪傑而不聖賢者有矣，未有聖賢而不豪傑者也。」在局勢危急之時，是需要有豪傑一般的人物來大力整頓國政的，可是那些理學家都不行。他們有時勸諫，但多在個人小事上做文章。這般「聖賢」功夫，弄得宋理宗心煩，他覺得這些「聖賢」們還不如他那個鬥蟋蟀的小舅子賈似道，因爲後者還能想辦法弄到錢來給他花。

宋理宗很聰明，會讓這些名聲在外的理學家們升官，但卻不讓他們管事，因爲這些理學家們有理論沒有才能，對於治國平天下，拿不出什麼像樣的方略。知名的理學家真德秀，在朝野有很高的聲望。宋理宗召他入朝，大家都洗耳恭聽他的大政方針，他卻在奏章裏勸皇帝正心誠意，當時的伶人都笑話他們：「什麼大學中庸，不過是多

吃了幾年飯吧！」

Q 看似有道理——賈似道

西元一二三三年，金哀宗放棄被蒙古大軍不懈攻擊的都城汴京，北渡黃河。汴京城裏發生了叛亂，蒙古人順利進城，城裏的一批親王和宗室人員被蒙古軍磨了刀，金朝的后妃們則被蒙古軍擄回了老家。當年宋徽宗、宋欽宗被金人所俘北上，一路受盡凌辱，這次金朝人被蒙古軍押走，一路上比宋徽宗、宋欽宗還要難看，受盡侮辱，真是報應啊。

賈似道是著名的奸臣，知名度很高，他姐姐是宋理宗的貴妃，他是靠這層關係才進了國家管理層。宋理宗對他格外器重，把朝中大權都交給了他。賈似道對於政事狗屁不通，但卻精於逗蟋蟀，著有《促織經》，所以世人稱之「賈蟲」。宋理宗任他爲右相兼樞密使，並派他負責對蒙軍事。但賈似道才疏學淺，不懂軍事，因而幹盡誤國害民的勾當。

在西湖風景區中，宋理宗給賈似道建了一座前所未有的別墅，取名爲「後樂園」。賈府與皇宮隔湖相對，早晨聽到上朝鐘聲，賈丞相才下湖坐船上班。船繫在一條粗纜繩上，繩端連著一個大絞盤，行走不必划槳撐篙，十幾個壯夫拼命推絞盤，便船行如飛，一會兒就能到宮前。

賈似道喜歡收藏，好多奇珍異寶、書法名畫，都落到了他手中。今尚存世的許多古代書畫真跡，如《王羲之快雪時晴帖》、《展子虔遊春圖》、《歐陽詢行書千字文卷》等等，均是他的藏物。家產被沒收後，賈似道的所有書畫都被搜入宮廷，今藏故宮博物院的《趙昌蛺蝶圖》、《崔白寒雀圖》等畫上，還蓋有「台州市房務抵當庫印」印記。

一天，賈丞相又趴在地上，與群妾鬥蟋蟀玩，一個熟悉的賭友拍拍他的肩膀，笑著說：「這才是平章您的軍國重事吧？」在宋代，平章就是宰相的別稱，賈丞相聽完也狂笑起來。因此，當時人說：「朝中無宰相，湖上有平章。」

襄樊被圍時，賈似道依舊悠閒地躺在自己的私宅中，享受著生活。他不僅納漂亮的宮女和美麗的妓女、尼姑做小老婆，還請來以前的賭友，關起門來賭個痛快，不准別人偷看。有一次，他一個小老婆的哥哥來賈府看自己的妹妹，站在大門口想進去，卻躺著也中槍，被賈似道當成是來偷看的，被扔到火裏活活燒死。

賈似道對於自己身邊的妻妾們很殘酷。有一次，他在西湖上乘私家遊船觀光，有一個侍妾看見長得很英俊的遊客，就隨口讚嘆道：「多帥的少年啊！」結果旁邊的賈

似道醋性大發，立即喊小弟過來，把那個帥哥的頭砍了下來。他還把這顆頭裝在盒子裏，捧給其他小老婆們看，說：「帥吧？帥不帥？」嚇得這群女人都要吐了。

度宗是一個傻瓜，一點也不知道過問國事。有一天，他突然對賈似道說：「襄陽已經被圍三年了，你看應該怎麼辦？」賈似道忽悠他說：「元軍早就退兵回老家了，陛下您聽誰說的？」度宗傻乎乎地說：「剛才聽一個女人說的。」後來賈似道就派人查出了那個「多管閒事」的妃子，不久這個妃子就莫名其妙地犯罪被處死了。

賈似道被貶到高州時，由紹興府的縣官鄭虎臣押送。鄭虎臣曾經受到賈似道的迫害，所以這次是主動要求押送賈似道。他不僅將賈似道帶的侍妾遣散，還把賈似道坐的轎子頂去掉，讓賈似道在「敞篷」裏被太陽烤著，並讓轎夫用方言罵他。最後鄭虎臣在賈似道自殺未遂的情況下，扭住賈似道的前胸，將賈似道拎了起來，狠狠地往地上摔了幾下，賈似道就翻了白眼。

西元一二五九年，蒙古軍隊在忽必烈的率領下圍攻鄂州（今湖北武昌）時，理宗命賈似道領兵救援，出兵漢陽。賈似道置國家利益於不顧，擅自派使者求和，向忽必烈稱臣納款。賈似道回去之後，對理宗和朝廷隱瞞了割地賠款求和的真相，厚著臉皮上奏理宗邀功請賞，謊報他取得了勝利。昏庸的宋理宗竟然加封他輔佐國君的少師、衛國公。

賈似道是在青黃不接時出來的。客觀的說，賈似道能力不是很強，而且私德不好。但是，他是所有南宋剩下的資歷夠當宰相的人裏最強的了，其他的人就只是會寫道德文章的腐儒。當時文武全才的人不是沒有，但是類似李庭芝的文武全才，資歷實在太淺，不能服眾，文天祥這號人物又出道太晚。

微歷史大事記

西元一二三二年，蒙古合圍汴梁，金哀宗棄城而逃。

西元一二二四年，宋寧宗死，宋理宗即位。

西元一二三三年，南宋與蒙古共滅金朝。史彌遠逝世。

西元一二三三年，寧宗實施端平更化。

西元一二三四年，金哀宗自殺，金朝滅亡。

西元一二三四年，宋蒙聯軍滅金，端平入洛。蒙古反攻南宋，宋蒙戰爭爆發。

西元一二五八年，蒙哥親自率軍進攻四川。

西元一二五九年，蒙哥死在陣前。賈似道出任宰相，並私自議和，編造鄂州大捷。

西元一二六〇年，賈似道開始專權。

西元一二六三年，南宋朝廷開始推行公田法。

西元一二六四年，宋理宗去世。

第十五章 風流天子宋度宗

度宗趙禥是宋理宗親弟趙與芮的兒子。趙禥的老媽是王府中的一名小妾，因爲出身微賤，總受正房夫人的欺負，發現懷孕後，立刻被正房逼服打胎藥，誰知胎兒沒打下來，還是出生了。趙禥因爲是皇帝下一代唯一的近親，所以得到全府上下人的保護，但無奈他未出生便已中藥毒，天生體弱。

理宗曾經有兩個兒子，但都夭折了。此後，後宮再沒有爲理宗生下皇子。理宗剛過中年，仍然抱有後宮再給他生個娃的幻想，但沒有實現。淳佑六年（一二四六），理宗已經年過四十，仍然沒有兒子，立儲之事已經不能再無限期拖延下去，於是他開始物色皇子人選。因爲感情和血緣關係，理宗親弟弟趙與芮的兒子理所當然被選中。

自古以來皇帝出生老天都要特殊對待，所以當時也一度瘋傳過度宗出生時的神話。趙與芮的母親全氏說夜晚夢到神仙對她說：「帝命汝孫，然非汝家所有。」也就是說，上天雖然給你送來一個孫子，但卻不能繼承本家香火，言外之意是要成爲別人的孩子。這顯然是騙人的把戲，趙與莒、趙與芮兄弟均爲全氏之子，完全不存在這樣的問題。

理宗有一個外甥名叫關孫，是理宗的親姐姐四郡主與魏峻的孩子。關孫深得理宗老媽全氏的喜愛，全氏經常向理宗提起關孫，並爲關孫求官職。趙禥知道了便眼紅，以爲理宗要用關孫來取代自己，於是散佈了「魏太子」的傳言，明擺著是要置關孫於死地。雖然理宗並沒有這個意思，但後來關孫卻非常「巧合」地淹死在趙與芮府邸的瑤圃池中。

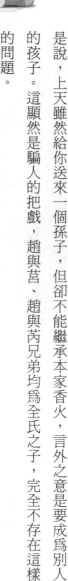

度宗小時候手足發軟，很晚才會走路，七歲才會說話，智力低於正常水準。理宗爲他配備了良師，精心教導，仍不能使他開竅，把理宗氣得發昏。左丞相吳潛不同意讓這個弱智兒成爲大宋天下的繼承人，請求理宗另選宗室子弟，可理宗是史彌遠從民間選來的，本來就和宋宗室沒多大關係，所以不願意。賈似道乘機進讒言，將吳潛貶往外地。

理宗爲了說服大臣，說自己曾夢到神人相告自己是「十年太平天子」，採取這種無奈而帶有欺騙性的手段上位。然而，理宗自己萬萬沒有想到的是，自己說出的話竟然在若干年後成爲現實，度宗果然只作了十年天子，只是這十年天下並不太平，到處兵荒馬亂，民不聊生。

理宗對趙禥的教育非常嚴格。趙禥七歲時，理宗就讓他入宮內小學讀書，立爲皇子後，理宗又下大功夫培養他，不僅遍請名師，還給他制定了作息時間表，以鍛煉他的理政能力。但由於趙禥腦子不夠使，因此學業並沒有太大長進，經常把理宗氣個半死。然而趙禥畢竟是與理宗血緣關係最近的侄子，即便不成器，理宗仍要盡力而爲。

理宗曾經給趙禥娶了一位好老婆。趙禥的妻子名叫全玖，全玖初入宮時，理宗撫慰她說：「令尊寶佑間盡忠而死，一想到這，我心裏就難過。」全玖聽後，並沒有哭訴老爸的去世，反而對理宗說：「妾父誠然值得追念，可淮、湖地區的百姓更值得掛念。」理宗一時間傻了眼，知道自己淘到了寶，便將她冊封爲皇太子妃，讓她輔助傻乎乎的趙禥。

度宗繼承了伯父理宗的荒淫傳統，整天宴坐後宮，與妃嬪們飲酒作樂。趙禥做皇太子就以好色出名，當了皇帝後還是這樣。根據宮中舊例，如果宮妃在夜裏奉召陪皇帝睡覺，次日早晨要到合門感謝皇帝的寵幸之恩，主管的太監會詳細記錄下她的受幸日期。趙禥剛當皇帝時，有一天到合門前謝恩的宮妃有三十餘名！

度宗是幸運和不幸的複合體。他老媽地位低下，懷孕期間服用墮胎藥，使他成爲一個有著先天缺陷的人，這是他的不幸；但他卻僅憑著血緣關係登上了皇帝寶座，這是他的幸運。可他這個皇帝始終受制於權臣賈似道，被賈似道玩弄於股掌之間，甚是悲哀；但昏庸無能的他卻壽終正寢，死在了女人的肚皮上，沒有做亡國之君，也算幸運。

度宗受理宗教育的影響，很偏愛理學。度宗即位以後，提拔了一些理學之名士，並錄用前代理學大家朱熹等人的後代爲官，理學門徒也佔據了從中央到地方的很多職位。令人不解的是，雖然度宗推崇理學，但理學家提出的「存天理，滅人欲」的信條幾乎對他不起作用，他仍然每日沉迷於美色之中，醉生夢死。

北方元軍多次出兵進攻南宋，宋廷雖然腐朽，但是廣大軍民的抵抗，使得元軍不得不撤回。度宗即位後，元軍猛攻襄樊。這一關鍵戰役，賈似道瞞騙說自己已經取勝，度宗居然信了。最後，元軍攻破襄樊，宋度宗聽說後當即昏倒，接著借酒澆愁，不久就因酒色過度而死，死後由於生前所作所爲而身敗名裂。

度宗當了皇帝後，荒淫無度，連批答公文的事都交給四個最得寵的女人，號稱「春夏秋冬」的四夫人執掌。他封賈似道爲太師，倍加寵信，將朝政統統委託給賈似道。賈似道見度宗比理宗還要昏庸，更加專橫跋扈，目無天子，稍不如意，就以辭官相要脅，度宗唯恐他不辭而別，總是卑躬屈膝地跪拜，流著眼淚挽留他，特許賈似道十天上一次班。

度宗什麼事都要徵詢奸臣賈似道的意見，把賈似道當成了「奶爸」。一天，宮內正要舉行祭祀大禮，突然下起傾盆大雨，管皇帝馬車的官，正是度宗寵愛的胡貴嬪的老爸胡顯祖，胡顯祖建議度宗乘小車回宮，度宗不敢輕舉妄動，說：「先問問賈丞相吧！」胡顯祖急於回宮，哄皇帝說：「丞相已經答應了。」皇帝便匆匆回宮，後來胡顯祖因這事被賈似道報復。

度宗是南宋歷史上有名的荒淫帝王，在位期間任用知名度比他還高的奸臣賈似道，荒淫不理朝政。咸淳九年（一二七三年）二月，襄陽守將呂文煥在糧盡援絕的情況下獻城投降。消息傳來，賈似道假裝率軍出征，膽小無能的度宗死死拖住賈似道，不讓他出征。第二年七月，度宗就死在了臨安宮裏，死因是因爲「酒色過度」。度宗留下遺詔，由太子趙顯繼位。

＊微歷史大事記＊

西元一二四〇年，趙禥出生，他是榮王趙與芮的兒子，宋理宗沒有兒子，收其為養子，先後封為建安王，永嘉王，忠王。

西元一二六〇年，忠王趙禥被立為太子。

西元一二六四年，宋理宗死，宋度宗即位。

西元一二六七年，蒙古修大都宮城。

西元一二六七年至一二七三年，宋蒙襄樊戰爭，宋敗。

西元一二七一年，蒙古改國號為大元。

西元一二七三年，襄樊被圍五年餘失陷，呂文煥降元。

西元一二七四年，六月元詔滅宋，七月度宗死，死後葬於永紹陵。

第十六章 一代高僧宋恭宗

宋恭宗四歲就繼位當了皇帝，可惜命有點不好，上位才兩年，元軍便兵臨臨安。宋恭帝被俘以後，被元朝封爲瀛國公。到了元世祖忽必烈至元二十六年（一二八九年），元世祖忽必烈突然賞給十九歲的宋恭帝許多錢財，叫他去西藏當僧人。於是當年的小皇帝宋恭帝成了高僧，爲佛教界做出了許多貢獻，翻譯了不少佛教經文。

恭宗從小在元朝長大，元英宗至治三年（一三二三年），宋恭帝知曉自己從前的身分，便寫道：「寄語林和靖，梅花幾度開？黃金台下客，應是不歸來。」這首詩充分表現了他對南宋王朝的思念之情，表達了宋恭帝對當年元朝政府無理進攻南宋的譴責，觸犯了文字獄。此詩後來被元朝皇帝發現，皇帝大怒，下令賜死了享年五十三歲的宋恭帝。

謝太后召集群臣商議立帝，眾人以爲楊淑妃所生趙昰年長當立，賈似道和謝太后都主張立嫡子，於是宋恭帝被立爲帝。恭帝此這時還小，因此由太皇太后謝氏垂簾聽政，但朝廷實權仍掌握在宰相賈似道手中。恭帝即位不滿二年，宋廷就投降了元朝。宋室江山是太祖趙匡胤從後周孤兒寡母手中奪得，最後又失於孤兒寡母之手。

蒙軍南下時，賈似道上表恭帝，請求出征，抽調各路精兵十餘萬，裝載著無數金帛等物資，甚至帶著妻妾離開京城，陣勢綿延約四十公里。二月份的時候，賈似道在蕪湖和夏貴會合。夏貴一見賈似道，從袖中抽出一張字條，上寫：「宋歷三百二十年。」言下之意，宋朝歷時已近三百二十年，國勢已盡，不要爲它丟了性命。賈似道心照不宣，點頭默許。

蒙古鐵騎逼近時，臨安府內人心惶惶，大批人試圖逃離都城，尤其是朝廷大小官員，爲保身家性命，竟然帶頭逃跑。同知樞密院事曾淵子等幾十名大臣乘夜逃走，簽書樞密院事文及翁和同簽書樞密院事倪普等人，想出了一招更狠的——暗中指使御史台和諫院彈劾自己，以便卸任逃走，結果御史章未上，二人已先逃跑。

陳宜中是恭宗時的宰相，把宋朝推入了萬劫不復的深淵。陳宜中是一個狂妄自大、欺世盜名的兩面派，慣於提出冠冕堂皇的高調言辭，譴責任何妥協退讓的主張和行爲。他本來是賈似道舉薦的，賈似道兵敗以後，他率先提出處死賈似道，以提高自己的聲望。統帥禁軍的殿前指揮使韓震提出遷都建議後，陳宜中竟然私自將其騙到自己家中加以謀害。

陳宜中是一個優柔寡斷、冒充抵抗英雄的膽小鬼。德佑元年春夏之交，戰事最爲激烈的時候，朝野內外紛紛要求他親往前線督戰，他卻猶豫畏縮，不肯出城。顯而易見，陳宜中不可能爲宋朝冒生命危險。後來他逃到遠離前線的南部沿海地區，拒絕回朝。太皇太后無奈，親自給他的老媽寫信。在老媽的干預下，陳宜中才回到了都城任職。

陳宜中當國，行事搖擺不定，徘徊在和與戰之間，不能作出決斷。他口頭上喊出各種豪言壯語，實際上卻懦弱怕事，沒有與元軍決一死戰的勇氣和才能。德佑二年正月十八日，謝太后派大臣楊應奎向元軍投降，哀乞對宋朝皇室從寬處理。元朝要求與宰相面對面會談，陳宜中被這種要求嚇破了膽，拋棄了太后和年幼的皇帝，於當天夜裏逃離了臨安。

元軍大舉進攻南宋時，恭帝下詔讓各地組織兵馬援助京都。文天祥聽說後，立即捐出自己的家產充當軍費，招募了一萬多人的義軍前往臨安。當時有人勸他：「你這樣用臨時軍抵抗元軍，不是羊入虎口嗎？」文天祥坦然地說：「這個道理我知道，但是國家養兵多年，到了危難的時候，卻沒有人爲國出力，那才叫人痛心！我願以死來喚醒人們，這樣才有希望。」

關於成吉思汗的死是個千古之謎。歷史上記載成吉思汗以前打仗時被箭射中，從此留下了病根，導致其後來舊傷復發不治而死。不過也有的人說，他是被雷活活劈死的，遭了天譴。最離奇的是秦朝的《蒙古源流》一書中，說成吉思汗俘虜了西夏王妃，這個王妃在和成吉思汗「辦事」時刺傷了成吉思汗，然後跳黃河裏自盡了，成吉思汗因此受重傷，不治身亡。

＊微歷史大事記＊

西元一二七五年七月，四歲的宋恭宗繼位，謝太后臨朝。宋廷殺賈似道。

西元一二七五年九月，元伯顏出兵襄陽。

西元一二七五年十二月，漢陽、鄂州降元，呂文煥招降舊部。

西元一二七五年十二月，宋太皇太后求和，元朝不許。

西元一二七六年正月，元伯顏兵臨安，宋奉降表，文天祥入元軍議和被扣。

西元一二七六年三月，伯顏擄全太后及恭帝北去，留諸將平江南。

第十七章　在位最短宋端宗

端宗即位時年僅八歲，朝臣陸秀夫等堅持抗元，力圖恢復宋朝。景炎三年（西元一二七八年）三月，端宗為躲避元將劉深的追逐，上船避入廣州灣。一天夜間，端宗所乘之船不慎被顛覆，端宗落入海中，後被左右救起。喝了一肚子水的端宗就此起病，嚇得好幾天都講不出話來。後來他浮海逃往岡州（今廣東省雷州灣），一路顛簸，驚病交加，於四月病死。

端宗趙昰登基前被封為「天下兵馬都元帥」。元軍攻克臨安時，趙昰和母親楊淑妃、弟弟趙昺由國舅楊亮節等護衛，出逃福建，定行都於福州濂浦平山福地，改年號景炎，設行宮為平山閣。當時時值戰亂，哀鴻遍野，宋軍撤離此地時，曾開倉濟民，當地人民甚感其恩。元軍佔領福州時，百姓將平山閣改名為泰山宮，回避元代的查禁。

端宗一行逃亡途中，宰相陳宜中藉口聯絡占城，一去不返，當了可恥的逃兵。端宗由於在逃亡途中受到颶風驚嚇，驚恐成疾，死時年僅十一歲。端宗死後，群龍無首，眼看小朝廷就要灰飛煙滅，陸秀夫慷慨激昂，振作士氣：「度宗還有一子，我們復興還有希望，只要老天不絕趙氏，我們就再造一個國家！」於是眾臣又擁立七歲的趙昺爲帝。

祥興二年（一二七九）正月，元軍進攻崖山，宋元兩軍在廣東新會的崖山海面決戰，結果，張世傑所率宋軍寡不敵眾，大敗海上。三月十九日，陸秀夫見大勢已去，於是身穿朝服，將八歲的小皇帝趙昺抱到船頭，叩首再拜道：「國事至此，陛下當爲國死。宋恭帝已經夠受辱了，陛下不可再辱！」說完，背起小皇帝，跳入茫茫大海，南宋徹底滅亡。

宋帝趙昺曾經在去崖山時，龍袍被淋濕。到了崖山後，宮女連忙把趙昺脫下的濕龍袍拿到行宮外面的山桔樹上晾曬。不久，龍袍曬乾了，繡在龍袍上的金龍卻沒影了。人們都很驚異，連忙尋找金龍的去向。誰知道金龍纏在了曬龍袍的山桔樹上，成了山桔樹的花紋，每一條龍都是這樣。從此，崖山一帶的山桔樹都長成了「蟠龍山桔」。

趙昺投海殉國後，屍體浮出海面。有群鳥伏在屍身上，遮住少帝遺骸，隨海水漂流到了赤灣（今深圳蛇口）。天后廟的廟祝發現了這個「異人」的遺骸，就撈了上來，只見童屍穿著黃袍，面色紅潤如生。這時，天后廟裏的一根棟梁突然塌下。大家認爲此棟梁是天后娘娘送給少帝做棺材用的木料，便用它做成棺材，禮葬少帝於天后廟西邊的小南山下。

明代大儒陳白沙曾經想用愛國之心到衙門海邊拜祭，祈求龍王獻出傳國玉璽。南海龍王被感動了，便派一員蝦將向陳白沙獻玉璽。陳白沙慌忙跪下迎接。龍蝦被嚇了一跳，跑了回去。後來龍王親自出馬，用雙手把玉璽送到陳白沙面前。這回陳白沙汲取了教訓，不下跪了，伸手就要取玉璽。龍王龍顏大怒，氣得跳回大海，從此玉璽永沉海底。

張世傑雖然軍事才能不夠突出，但是卻很有民族氣節。趙昺死後，楊太后投水自盡。張世傑收拾殘部，逃亡海上，突然遇上暴風雨，他仰天大呼：「我爲趙氏已經盡心盡力了，一君亡，又立一君，如今又掛了。如今遭逢大風，不知天意如何？若老天不要我存復趙氏，就讓大風吹翻我的船吧！」話語剛落，狂風大作，其所乘之船沉於海中。

＊微歷史大事記＊

西元一二七六年五月，陸秀夫、張世傑等在福州立九歲益王為端宗。
西元一二七六年十一月，元兵入福建，端宗下海。
西元一二七七年二月，廣東降元，伯顏率眾將北討，文天祥收復數城。
西元一二七八年四月，端宗死，陸秀夫等立八歲衛王昺為帝。
西元一二七八年五月，改元祥興，六月遷崖山（今新會南）。
西元一二七八年十二月，元捕文天祥於廣東。元發掘南宋諸陵。
西元一二七九年，宋元崖山海戰，宋敗。陸秀夫背幼主跳海而死，宋亡。

宋朝其實很懸疑

作者：丁振宇
出版者：風雲時代出版股份有限公司
出版所：風雲時代出版股份有限公司
地址：105台北市民生東路五段178號7樓之3
風雲書網：http://www.eastbooks.com.tw
官方部落格：http://eastbooks.pixnet.net/blog
Facebook：http://www.facebook.com/h7560949
信箱：h7560949@ms15.hinet.net
郵撥帳號：12043291
服務專線：(02)27560949
傳真專線：(02)27653799
執行主編：朱墨菲
美術編輯：許芷姍
法律顧問：永然法律事務所 李永然律師
北辰著作權事務所 蕭雄淋律師
版權授權：南京快樂文化傳播有限公司

初版日期：2013年7月
ISBN：978-986-146-981-2

總 經 銷：富育國際股份有限公司
地　　址：台北縣新店市中正路四維巷二弄2號4樓
電　　話：(02)2219-2068

行政院新聞局局版台業字第3595號 營利事業統一編號22759935

國家圖書館出版品預行編目資料

宋朝其實很懸疑／丁振宇著.-- 初版.
臺北市：風雲時代，2013.06 -- 面；公分

ISBN 978-986-146-981-2（平裝）

1. 宋史　2. 通俗史話

625.1　　102008692

原價：280元
限量特惠價：199元